STORIA FOTOGRAFICA DELLA SOCIETÀ ITALIANA
Diretta da Giovanni De Luna e Diego Mormorio

Lucio Fabi

La prima guerra mondiale

1915-1918

Editori Riuniti

I edizione: febbraio 1998
© Copyright Editori Riuniti
via Tomacelli, 146 - 00186 Roma
ISBN 88-359-4438-4

La pubblicazione è stata realizzata
con il contributo della Banca di Roma
BANCA DI ROMA

Indice

Avvertenza: delle fotografie viene indicata la provenienza e, quando possibile, l'autore.
Le immagini raccolte dalle diverse sezioni fotografiche dell'esercito italiano (del Comando supremo, delle Armate, del Genio, dell'Aviazione e della Marina) sono complessivamente indicate con la sigla SFEI (Servizi fotografici dell'esercito italiano); lo stesso si è fatto per le istantanee austro-ungariche effettuate dal Kriegspressequartier (KPQ).

L'ITALIA NELLA GRANDE GUERRA

Evento epocale che dà inizio all'età contemporanea, straordinario moltiplicatore di sofferenze e ricchezze, crogiolo di esperienze diverse e totalizzanti, il primo conflitto mondiale (1914-18) scaraventò i paesi belligeranti in una guerra totale dalle proporzioni inaudite che non si sarebbe piú ripresentata con tali spietate caratteristiche.

Su tutti i fronti la prima guerra mondiale mobilitò oltre cinquanta milioni di soldati e un numero ingentissimo di lavoratori (uomini e donne) nelle fabbriche della produzione bellica. Il conflitto disegnò i confini politici del mondo contemporaneo, introdusse la società alla percezione della modernità, ma costò la vita a non meno di nove milioni di soldati e a un numero quasi corrispondente di civili, uccisi dalle privazioni e dalle malattie provocate dal conflitto (micidiale l'epidemia influenzale «spagnola» del 1917-18), senza considerare l'incalcolabile numero degli invalidi e di quanti furono colpiti nel corpo e nella psiche.

La Grande Guerra (come da subito venne chiamata) fu una guerra di massa, che vide i paesi belligeranti impegnati in un gigantesco confronto industriale e finanziario (in questo senso fu decisivo l'intervento americano a fianco dell'Intesa nel 1917) nell'intento di sostenere sempre piú massicce prove militari. Una guerra totale, in cui tutte le risorse vennero chiamate in causa: la vita dei soldati al fronte cosí come le capacità produttive dell'industria bellica e il consenso delle popolazioni, chiamate dal patriottismo e dalla propaganda a sostenere con il lavoro e l'autofinanziamento il complessivo sforzo degli eserciti.

Tutto incominciò il 28 giugno 1914 a Sarajevo, quando Gavrilo Princip, studente bosniaco affiliato a un movimento irredentista slavo, uccise a colpi di pistola il principe ereditario asburgico, l'arciduca Francesco Ferdinando, assieme alla sua consorte. L'Austria-Ungheria ritenne il paese ospitante responsabile dell'increscioso atto di terrorismo ed esattamente un mese dopo, il 28 luglio, dichiarò guerra alla Serbia e la invase.

L'atto di forza austriaco nei Balcani compromise ulteriormente il già precario equilibrio tra le maggiori potenze europee (in particolare Inghilterra e Germania, in competizione per il predominio economico in Europa e nelle colonie) e, in un clima di accentuato militarismo, la diplomazia lasciò il passo agli stati maggiori. Toccava ora alle armi risolvere i vari contrasti (economici, politici, etnici) che da tempo dilaniavano l'Europa.

L'Impero zarista, legato alla Serbia da un patto militare, mobilitò il proprio esercito ai confini con l'Austria-Ungheria (invadendo la Galizia) e con la Germania. Quest'ultima, sentendosi direttamente minacciata, il 1° agosto dichiarò guerra alla Russia, che non aveva aderito alla richiesta di neutralità (in realtà un vero e proprio ultimatum militare). Due giorni dopo la Germania dichiarò guerra alla Francia, alleata della Russia, e la invase passando per il Belgio. Ciò provocò l'immediato intervento dell'Inghilterra a fianco dei suoi alleati: gli anglo-francesi contrattaccarono, vennero fermati in territorio francese dalla difesa tedesca e sul fronte occidentale si stabilirono, dal Mare del Nord alla neutrale Svizzera, due opposti, continui sistemi trincerati.

Nell'estate del 1914 si misuravano militarmente le forze dell'Intesa (Inghilterra, Francia, Russia, Serbia, Montenegro, Giappone) contro quelle dell'Alleanza (Germania, Austria-Ungheria, Turchia), mentre altri paesi – fra cui l'Italia, formalmente legata a un patto militare difensivo con la Germania e l'Austria-Ungheria (Triplice Alleanza) – rimasero inizialmente neutrali.

Rispetto alla necessità di entrare in guerra il governo, l'opinione pubblica e i movimenti politici italiani erano divisi. Lo schieramento neutralista (socialisti in nome dell'internazionalismo proletario, cattolici influenzati dalle posizioni della Santa Sede, moderati liberali) era a favore di una neutralità negoziata. Le forze interventiste (nazionalisti, repubblicani, socialisti riformisti), sostenute dai principali giornali nazionali, non nascondevano la volontà di portare a compimento il disegno risorgimentale e richiedevano a gran voce i territori oltre confine simboleggiati dal binomio Trento-Trieste. Non si erano ancora spenti gli echi delle sollevazioni socialiste del giugno del 1914 in Romagna e nelle Marche (la cosiddetta «settimana rossa») sedate da centomila soldati in assetto di guerra, ma il quadro delle relazioni internazionali imponeva all'Italia una scelta di campo. Le pressioni degli Alleati si facevano incalzanti, mentre dall'Austria (il cui contegno aggressivo nei Balcani aveva in pratica sciolto il governo italiano dagli obblighi della Triplice Alleanza) giungevano imprecisate concessioni in favore della neutralità italiana.

Il 26 aprile del 1915, dopo vari concitati passi diplomatici, il ministro degli Esteri Giorgio Sidney Sonnino, d'accordo con il capo del governo Antonio Salandra e il re Vittorio Emanuele III ma all'insaputa del Parlamento, autorizzò a Londra la firma di un patto segreto (lo rimarrà fino al 1917) con l'Intesa, che prevedeva l'entrata in guerra dell'Italia entro un mese. In ossequio a tale patto, mentre nel paese si organizzavano massicce manifestazioni interventiste (con il socialista Mussolini, il sindacalista De Ambris e il nazionalista D'Annunzio in prima fila), il 23 maggio il Consiglio dei ministri firmò la dichiarazione di guerra all'Austria-Ungheria, indisse la mobilitazione generale e affidò la conduzione militare dell'esercito al generale Luigi Cadorna.

Guerra in trincea

Nella notte tra il 23 e il 24 maggio 1915 le punte avanzate dell'esercito italiano si avvicinarono al confine del 1866, superandolo in vari punti. Lo sforzo maggiore avrebbe dovuto essere compiuto sul fronte dell'Isonzo, allo scopo di penetrare in profondità verso Trieste e Lubiana, ma una eccessiva prudenza iniziale, determinata da errate informazioni sul-

3

la consistenza delle forze avversarie (un successo del controspionaggio austriaco) rallentò la manovra italiana. Quando finalmente si riuscì a prendere contatto con le postazioni difensive austriache oltre l'Isonzo, queste ultime risultavano presidiate da un numero sufficiente di soldati, fatti arrivare a tappe forzate dal fronte orientale.

Fu, da subito, guerra di posizione. La trincea sbarrò la strada alla fanteria, ne frenò l'impeto imponendo le regole unificanti del primo durissimo conflitto «industriale» del ventesimo secolo. I reiterati assalti delle fanterie regie vennero fermati da una barriera di ferro e di fuoco e la trincea austriaca divenne l'incubo di milioni di soldati italiani.

Uscire dalla trincea per andare all'attacco voleva dire andare incontro alla morte: i reparti abbandonavano i ricoveri inquadrati e sospinti dagli ufficiali (che non poche volte dovevano puntare le armi contro i recalcitranti) per affrontare, a ondate, il nemico in attesa su posizioni riparate e dominanti.

L'esito dell'assalto dipendeva dalla rapidità con cui le diverse ondate dei soldati all'attacco riuscivano a raggiungere la trincea avversaria (di solito uno scavo di circa un metro di profondità nella roccia, rialzato da un altro metro di pietre e di sacchi di terra o calce), sfruttando il disorientamento degli avversari prodotto da un bombardamento piú o meno ingente. Nella maggioranza dei casi, tuttavia, i difensori emergevano dai loro ricoveri in tempo per contrastare l'attacco, rallentato dai reticolati che, anche lesionati, continuavano a costituire un intricato ostacolo. Allora il fuoco difensivo di fucili e mitragliatrici che partiva dalla trincea, sostenuto dai calibri campali caricati a *shrapnel* (proiettili che esplodevano ad alcuni metri dal suolo o a terra, sprigionando una micidiale rosa di pallette di piombo o spezzoni di ferro), riu-

sciva a fermare ogni attacco. Particolarmente devastante era il fuoco delle mitragliatrici (circa quattrocento colpi al minuto), soprattutto quando entrava in azione su un terreno piatto e senza ostacoli.

I reticolati fermarono l'impeto degli attacchi italiani, trasformando i soldati in lenti bersagli invischiati nelle matasse ferrose. In quei momenti a nulla valevano cesoie e pinze spuntate utilizzate con disperato coraggio da pattuglie votate alla morte, né le cariche esplosive montate su tubi di ferro, difficili da innescare, pericolose per gli stessi soldati che, esponendosi al fuoco avversario, avevano il compito di strisciare fin sotto le siepi di filo spinato. Soltanto i grossi calibri riuscivano ad aver ragione dei reticolati e delle trincee di sassi ma, specie all'inizio, l'esercito italiano ne era in pratica sprovvisto. Dunque, da subito, sul Carso e sull'Isonzo la guerra diventò un consapevole stillicidio di sangue e di vite, un metodico massacro tecnologico e industriale non privo di regole e strategie, riassunto, cosí come vuole la liturgia militare del conflitto, nelle cosiddette undici offensive italiane dell'Isonzo, dal giugno del 1915 alla tarda estate del 1917.

Superata una trincea, se ne trovava un'altra, esattamente uguale alla precedente. Dopo poco meno di trenta mesi di combattimenti che costarono circa trecentomila morti e un paio di milioni tra feriti, mutilati, ammalati, dispersi e prigionieri, le armate italiane arrivarono ad attestarsi qualche chilometro piú a est del loro punto di partenza. Gli austro-ungarici, da parte loro, avevano dovuto cedere l'orlo del Carso, poi il Sabotino, Gorizia (conquista importante piú dal versante propagandistico che militare) e l'Altopiano di Doberdò, poi ancora la Bainsizza e qualche centinaio di metri quadrati di pietroso Carso dalle parti di Monfalcone, lasciando sul terreno oltre centomila uomini e perdendone almeno un altro milione tra feriti, ammalati, dispersi e prigionieri. Tra maggio e giugno 1916 erano stati i reparti italiani a respingere la massiccia offensiva austriaca sul fronte del Tirolo meridionale (la cosiddetta *Strafexpedition*) e a ristabilire il fronte sull'Altopiano dei Sette Comuni e sulla linea Coni Zugna-Pasubio. Sullo stesso terreno, esattamente un anno dopo, nel giugno 1917, una massiccia offensiva italiana si arenò davanti alle trincee austriache dell'Ortigara (il cosiddetto «cimitero degli alpini»): ventottomila le perdite italiane; circa novemila quelle austriache.

Da Caporetto a Vittorio Veneto

Nell'estate 1917 l'esercito italiano, dissanguatosi senza successo sulla strada per Trieste, era allo stremo. Il paese non stava meglio: le notizie dal fronte non erano buone, i lutti si moltiplicavano, le privazioni del tempo di guerra cominciavano a farsi sentire e la preoccupata riflessione di papa Benedetto XV sull'«inutile strage» che si stava compiendo in tutto il mondo accrebbe il malessere tra la popolazione, tanto che a Torino e in altre città vi furono dimostrazioni contro la guerra.

Dall'altra parte l'Austria-Ungheria, attanagliata dal blocco navale alleato, soffriva una forte carestia di generi alimentari e materie prime, che rischiava di compromettere la resistenza militare sull'Isonzo. I vertici militari, allo scopo di fronteggiare una situazione ormai insostenibile, avevano chiesto aiuto all'alleato tedesco (nel frattempo si era dissolto il fronte orientale ed erano quindi disponibili mezzi e armate) e insieme, per la fine dell'ottobre del 1917, progettarono un'azione d'attacco volta ad alleggerire la pressione italiana.

Cosí nacque Caporetto, o meglio lo sfondamento austro-tedesco delle linee italiane tra Plezzo e Tolmino del 24 ottobre 1917, propiziato da un intensissimo bombardamento in cui vennero utilizzati nuovi e piú efficaci aggressivi chimici e completato dalla fulminea manovra di penetrazione in profondità di reparti scelti d'assalto, che aggirò le posizioni italiane e colse di sorpresa la 2ª Armata del generale Capello.

In pochi giorni nello schieramento italiano si aprí una falla paurosa: le difese a sinistra dell'Isonzo cedettero, mentre reparti au-

striaci e tedeschi erano ormai alle porte di Cividale. Quando Cadorna ordinò la ritirata al Tagliamento, gran parte dei reparti italiani oltre l'Isonzo erano già stati tagliati fuori dalla manovra avversaria. Dopo una breve resistenza (tra San Daniele, intorno a Udine, a Pozzuolo e lungo il Tagliamento) finalizzata a proteggere il ripiegamento della 3ª Armata proveniente dal Carso, la ritirata (in molti casi una fuga disordinata e precipitosa, in cui qualcuno volle vedere un sintomo della disgregazione del paese) proseguí fino al Piave. Quasi nello stesso tempo il celebre e disgra-

4

ziato bollettino di guerra del 28 ottobre denunciò la mancata resistenza di alcuni reparti della 2ª Armata, «vilmente ritiratisi senza combattere e ignominiosamente arresisi al nemico», consegnando al paese attonito una giustificazione di comodo: c'era stato uno «sciopero», o meglio un «tradimento» della trincea. Invece le cause della disfatta dovevano ricercarsi in primo luogo nell'impreparazione e nella scarsa iniziativa dei comandi militari, colti incomprensibilmente di sorpresa dal pur atteso attacco austro-tedesco.

La ritirata al Piave e al Grappa, compiuta da Cadorna in condizioni assai critiche (viabilità frammentaria, il nemico incalzante, centinaia di migliaia di soldati sbandati inframezzati ai civili in fuga) costituí un successo del «generalissimo», che tuttavia, dati gli eventi, dovette abbandonare il comando e lasciare la conduzione dell'esercito al generale Armando Diaz, come in precedenza al dimissionario Boselli era succeduto Vittorio Emanuele Orlando, alla testa di un governo di larga rappresentanza nazionale. In poco piú di dieci giorni l'esercito italiano aveva perso circa 40.000 uomini (tra morti e feriti), ben 280.000 erano stati i prigionieri, non meno di 350.000 gli sbandati in fuga nelle retrovie. Erano andati perduti oltre 3.000 cannoni,

5

1.700 bombarde, 3.000 mitragliatrici, 22 campi d'aviazione, senza contare i magazzini e i depositi militari abbandonati al nemico.

Benché duramente provato, l'esercito italiano schierato sul Grappa e sul Piave riuscí a respingere l'ultima offensiva austro-tedesca d'inizio novembre. Nei mesi seguenti, relativamente calmi, Armando Diaz riorganizzò su posizioni difensive un esercito in gran parte rinnovato (arrivarono i cosiddetti «ragazzi del '99», giovani soldati di diciotto anni) e fu rivolta maggiore attenzione allo stato psicofisico dei combattenti: venne migliorato il vitto e soprattutto si moltiplicarono i turni di riposo nelle retrovie, mentre una piú efficace e capillare propaganda faceva arrivare ai soldati in trincea il sostegno del paese per cui combattevano.

Dall'altra parte del fronte era ormai evidente il progressivo sfaldamento delle capacità reattive dell'esercito e soprattutto del fronte interno dell'Austria-Ungheria, terribilmente condizionato dalla carenza di risorse alimentari e produttive, cui si era cercato di ovviare anche con la spoliazione delle risorse del Friuli e del Veneto invasi. I vertici militari austriaci, consapevoli della situazione estremamente critica, gettarono la loro residua forzo d'urto nel massiccio attacco del giugno 1918, che tuttavia si infranse di fronte al sistema difensivo italiano scaglionato in profondità, protetto da rilevanti ostacoli naturali (il fiume, il Montello, il Grappa) e da un consistente fuoco di artiglierie.

La vittoria italiana sul Piave ebbe una ripercussione enorme nel resto del paese. Diaz rafforzò notevolmente la sua fama di condottiero, ma soprattutto seppe resistere alle pressioni alleate che insistevano per una incalzante controffensiva. Nei mesi seguenti rimase in posizione difensiva e si mosse soltanto alla fine di ottobre, quando inequivocabili segni indicavano il progressivo sfaldamento della resistenza austriaca ma soprattutto lo sgretolamento del fronte occidentale e dunque la fine della guerra. Alle prese con insanabili fratture all'interno del suo stesso esercito, l'Austria-Ungheria (pilotata dal giovane e poco autorevole Carlo I; Francesco Giuseppe era morto alla fine del 1916) non seppe inglobare le diverse tensioni nazionali nel progetto di uno Stato federale e l'Impero si dissolse. Nel frattempo l'esercito italiano aveva sferrato l'attacco decisivo su tutto il fronte (battaglia di Vittorio Veneto), era arrivato a Rovereto e Trento (2 e 3 novembre 1918) e a Trieste (3 novembre), mentre a Villa Giusti, presso Padova, veniva firmato l'armistizio che poneva fine alle ostilità.

Italiani in divisa

Il primo conflitto mondiale impose il confronto di nazioni in armi. L'Italia, paese in gran parte agricolo, come del resto l'Austria-

Ungheria, scaraventò in trincea un esercito proveniente essenzialmente dalle campagne. Nel corso del conflitto l'incremento della produzione bellica richiamò gli operai specializzati nelle fabbriche (soprattutto nel cosiddetto «triangolo industriale» di Torino, Milano e Genova) e, di fronte all'inasprimento delle prove belliche e all'aumento progressivo delle perdite, furono soprattutto i contadini del sud e delle aree agricole del centronord a rimpiazzare i vuoti dei reggimenti schierati sul Carso e sull'Isonzo.

Un esercito di contadini e di lavoratori venne comandato, in trincea, da ufficiali in servizio permanente effettivo e di complemento, cioè provenienti dalla società civile, dalle professioni, dalla piccola borghesia cittadina e rurale o direttamente dalle aule dell'università e del liceo. Da un certo punto di vista la guerra è stata, per il giovane Regno d'Italia, una grande prova di coesione nazionale. Vestita la divisa, un'emergente classe dirigente offrí alla struttura militare un apporto insostituibile. A diretto contatto con i reparti, tenenti e capitani riuscirono infatti, con la parola e con l'esempio, con la disciplina e l'incoraggiamento, a tenere insieme un esercito senza particolari tradizioni militari, composto da uomini che combattevano per dovere e senso di obbedienza, emotivamente e ideologicamente assai poco coinvolti in quella che i superiori e i giornali chiamavano la «quarta guerra d'indipendenza».

La sostanziale mancanza di motivazioni della grande massa dei soldati italiani (un dato ormai accertato dalla storiografia) non si convertí in una minore efficienza dell'esercito. Paradossalmente, anzi, l'abitudine alla passività e l'ossequio dell'autorità insiti nell'arretrata società rurale italiana d'inizio secolo si incontrarono, in trincea, con le caratteristiche tendenzialmente massificanti della guerra di posizione, che richiedeva ai soldati di tutti gli eserciti l'esecuzione passiva di comandi semplici (attaccare frontalmente, resistere in trincea). In trincea bisognava resistere e obbedire, avanzare e morire, e in questo contesto l'esercito italiano sopportò e superò prove durissime con un comportamento in battaglia complessivamente analogo a quello di altri piú titolati eserciti.

Dal 1915 al 1918 circa cinque milioni di italiani vestirono il grigioverde e oltre due terzi di essi combatterono in trincea. Tale esperienza – lo sappiamo dalle numerosissime testimonianze che ancora oggi emergono dagli archivi di famiglia – segnò in maniera indelebile piú generazioni in armi.

6

La trincea era soprattutto paura e orrore. Paura di perdere la vita, di subire una mutilazione, di andare all'attacco; orrore per lo scempio dei corpi, per la violenza che vi si esercitava, per le terribili condizioni igieniche in cui si doveva sopravvivere. Paure giustificate: circa 650.000 soldati lasciarono la vita sul campo di battaglia; non meno di centomila, su un totale di circa seicentomila prigionieri, morirono in piú o meno improvvisati ospedali militari o in lontani lager; 220.000 subirono un'accertata rilevante menomazione nel fisico o nella psiche; molti di piú patirono per anni i postumi di malattie, infezioni o ferite contratte in guerra.

La trincea impose prove durissime, a cui molti, individualmente, tentarono di sottrarsi. I dati della giustizia militare rilevano un universo di comportamenti di fuga (renitenza, diserzione, autolesionismo e simulazione) che possiamo considerare forme di eloquente opposizione alla guerra e alle sue regole. Si ha notizia di 470.000 processi per renitenza alla chiamata (370.000 dei quali a carico di emigranti all'estero), mentre nei confronti dei militari vennero intentati oltre 260.000 procedimenti penali, 170.000 dei quali si conclusero con una condanna, nella maggior parte dei casi (oltre centomila) per diserzione e/o

ritardato ritorno al reparto. Le sentenze di morte furono quattromila, settecentocinquanta delle quali effettivamente eseguite; circa quindicimila soldati vennero condannati all'ergastolo o a lunghe pene detentive. Non è invece possibile determinare (i casi documentati sono qualche centinaio) quante furono le esecuzioni sommarie, ordinate senza processo, in momenti di necessità, cosí come, ovviamente, sfuggono i comportamenti illeciti non intercettati dalla pur attenta disciplina militare.

Quasi sempre all'offensiva nei primi ventinove mesi del conflitto, i vertici dell'esercito italiano applicarono con rigore le dure forme repressive previste da un codice penale militare integrato da decreti e circolari che ne inasprivano ulteriormente gli effetti. Tuttavia, il discorso sugli effetti della repressione disciplinare vale anche per gli altri eserciti coinvolti

nel conflitto, non escluso quello austro-ungarico, di cui è anzi riconosciuta la durezza di trattamento nei confronti dei suoi soldati.

In trincea bisognava eseguire gli ordini, e una generalizzata, piú o meno convinta obbedienza dei soldati era ottenuta, in condizioni anche molto critiche, mediante un rigido sistema disciplinare che partiva dalla prima linea per innervarsi in profondità nelle retrovie e anche oltre. È comunque riduttivo considerare la trincea alla stregua di un carcere. Gli uomini che la abitavano, nonostante fossero soggetti a regole disciplinari durissime, avevano modo di manifestare sentimenti diversi come il patriottismo e l'autoesaltazione, il senso del dovere, il cameratismo, l'amicizia e lo spirito di gruppo, mentre erano soprattutto l'aggressività dell'avversario e la paura che incuteva a fornire la necessaria tensione emotiva per sostenere prove violente, crudelissime e terribili. Nello stesso tempo, i soldati in trincea traevano forza e speranza da una tenace religiosità di tradizione contadina, che non poche volte sconfinava in ataviche forme di superstizione popolare.

I soldati riconoscevano se stessi all'interno di una comunità ristretta e fortemente minacciata (la cosiddetta comunità della trincea), nettamente separata dal resto del paese. Una comunità misconosciuta nelle sue essenziali caratteristiche dai vertici dell'esercito, ai quali bastava ottenere un sufficiente grado di obbedienza nei reparti (miglioríe in questo senso vennero introdotte soltanto nel 1918), ma anche dall'opinione pubblica e dalle stesse famiglie dei soldati, il piú delle volte tenute all'oscuro, nelle lettere e nei racconti di questi ultimi, delle piú scabrose realtà della trincea.

In trincea milioni di italiani vennero in contatto con un'organizzazione fortemente gerarchizzata, che per la prima volta esulava dai ristretti confini del campo, della famiglia e del paese. Molti scoprirono, per la prima volta, di appartenere a un'unico stato, e non a innumerevoli microcosmi regionali. L'impatto con la disciplina non fu senza attriti e gli innumerevoli, già rilevati comportamenti «contro» possono essere considerati come forme individuali di antagonismo nei confronti del complessivo modello della società in armi. Se – come conseguenza della guerra e della mobilitazione di massa – molti soldati ebbero modo di ampliare esperienze fino a quel momento racchiuse in ambiti esistenziali ristretti (ma quanti ne avrebbero volentieri fatto a meno?), anche per i loro ufficiali l'impatto con la trincea non fu senza conseguenze. Il ruolo di «cerniera» tra i comandi superiori e i reparti in linea li portava infatti a continuo contatto con la gente comune, con contadini e operai poco o niente istruiti (piú del cinquanta per cento dell'esercito era composto da analfabeti). Costretti a un difficile rapporto gerarchico e insieme emotivo, tra disciplina e affetto, repressione e educazione, gli ufficiali di grado inferiore si trovavano a gestire e nello stesso tempo a condividere il destino del gruppo (plotone o compagnia) a loro affidato.

Scrivere in trincea

Tra gli effetti di accelerazione sociale imposti dal conflitto alle masse mobilitate va annoverato l'incremento esponenziale della scrittura, essenziale anche se a volte faticosissimo mezzo di comunicazione tra i soldati e le loro famiglie (oltre quattro miliardi le missive scambiate tra esercito e paese negli anni di guerra) e, nello stesso tempo (nei tanti diari puntigliosamente annotati al fronte), memoria scritta nonché importante ausilio psicologico per affrontare e in qualche modo razionalizzare l'esperienza della trincea.

Due diverse «comunità della trincea» emergono dai testi autobiografici (lettere, diari, memorie) di ufficiali e soldati. I primi risolsero il difficile rapporto con i loro soldati all'interno del complessivo sistema gerarchico e di classe della trincea, assumendo un controverso ruolo che li trasformava, a seconda delle circostanze, da controllori a confidenti. Ufficiali e soldati, nella stessa buca, risultavano irrimediabilmente divisi da compiti diversi, comandare e obbedire, anche se all'interno dell'universo della trincea trovava-

no indubbiamente posto sentimenti come l'amore e il reciproco affetto, l'ammirazione per i superiori cosí come l'ingenuo trasporto di questi per il «semplice» mondo da cui provenivano i loro gregari. Dalla parte dei soldati la trincea non rappresenta affatto l'immagine stereotipata e retorica di luogo nel quale, combattendo, si costruisce il destino e il futuro della nazione in armi, ma piuttosto un'orrida, inevitabile concentrazione di violenza e di paura. E di speranza. Non a caso, infatti,

7

emerge chiaramente nei tanti diari dei soldati che continuano ad affiorare dagli archivi di famiglia (scritture faticose, ingenue, terribili, quasi sempre sincere) il problema centrale in cui viene circoscritta l'intera esperienza della guerra: sopravvivere alla trincea.

Il paese in guerra non poteva recepire la durezza di un tale disincantato messaggio e dunque la gran parte delle memorie dei soldati rimase nei cassetti e negli armadi, alla stregua di un pensiero scomodo, ingombrante. Cosí, tra cose dette e non dette, nell'immediato dopoguerra venne costruendosi la memoria ufficiale del conflitto, successivamente trasfusa nei monumenti e nei sacrari del regime fascista, che seppe impadronirsi del mito della guerra vittoriosa (seppur «mutilata») per rileggerlo all'interno di un improbabile sogno imperialista, destinato a naufragare drammaticamente nel secondo conflitto mondiale.

Grande Guerra e fotografia

Uno degli effetti della prima guerra di massa del Novecento fu certamente un piú ampio e generalizzato rapporto collettivo e individuale con la fotografia. Nel corso del

conflitto le diverse necessità dell'informazione e della propaganda determinarono l'aumento della diffusione di giornali, periodici e volumi illustrati, nonché una fittissima produzione di immagini e foto-cartoline di argomento patriottico-bellico, messe in vendita o distribuite gratuitamente per incentivare il consenso di soldati e popolazioni nei confronti della guerra. Nello stesso tempo, grazie alla diffusione delle fotocamere portatili a relativamente poco prezzo e all'attività dei fotografi ambulanti e di studio, i soldati e le loro famiglie iniziarono un piú intimo e individuale dialogo con l'immagine fotografica, che divenne un essenziale elemento di comunicazione tra fronte e paese. E prima ancora, in una guerra giustamente definita totale, la fotografia era ovviamente anche un'arma, utilizzata dagli eserciti per fini conoscitivi, tattici e strategici.

Due le fonti di produzione di un fenomeno quantitativamente rilevantissimo: da una parte i reparti foto-cinematografici militari e i professionisti accreditati al servizio degli eserciti belligeranti; dall'altra i moltissimi foto-amatori militari (ma anche civili) che, anche contravvenendo a norme e regolamenti di guerra, provvidero a documentare (con mezzi e strumenti generalmente piú modesti) la loro esperienza di guerra.

Come strumento bellico la fotografia fu largamente utilizzata per l'identificazione degli obiettivi e per il riconoscimento del territorio. La fotografia dall'alto, dai dirigibili e successivamente dagli aerei, si dimostrò nel corso del conflitto un indispensabile strumento di informazione e di individuazione delle linee e delle strutture logistiche avversarie per i reparti a terra e per la direzione del tiro delle artiglierie sugli obiettivi prestabiliti. Un'ulteriore forma di identificazione del campo di battaglia e del territorio venne svolta dalla fotografia panoramica, non poche volte di grandi dimensioni, ottenuta attraverso l'accurata sovrapposizione di piú scatti prodotti dalla rotazione della fotocamera.

La Grande Guerra diventò presto guerra totale e tutti i paesi belligeranti, nel corso del conflitto, affidarono alla fotografia (sulle pagine di giornali e periodici illustrati o nelle serie di foto-cartoline) importanti compiti di propaganda. L'Italia non sfuggí a questa regola e, dopo un inizio piuttosto incerto in cui venne lasciato spazio all'intraprendenza di giornalisti, inviati e militari non professionisti, dai primi mesi del 1916 il Comando supremo sviluppò un servizio foto-cinematografico capace di coprire le diverse aree del fronte. L'attività di tali reparti, che nel 1917 impegnavano oltre seicento foto-cineoperatori, si concretizzò nella produzione di circa centocinquantamila lastre e pellicole riguardanti la minuziosa documentazione della vita di guerra di comandi e reparti al fronte, nelle retrovie e nel resto del paese.

Di tale imponente materiale fotografico e cinematografico (molte fotografie sono infatti tratte da fotogrammi cinematografici), rac-colto con professionalità per fini essenzial-mente documentaristici, il Comando supre-mo autorizzò la diffusione di alcune migliaia di immagini, che vennero distribuite a gior-nali, imprese editoriali e patronati patriottici. Evidenti gli intenti propagandistici dell'ope-razione. Con il controllo della circolazione delle immagini del conflitto, si voleva for-nire all'opinione pub-blica e agli stessi com-battenti un'accettabile immagine della guer-ra, per forza di cose li-mitata da precise for-me di censura. I verti-ci civili e militari vole-vano affermare, attra-verso la propaganda e il controllo delle in-formazioni, l'adesione e il consenso del paese al conflitto; d'altra parte, la stessa popo-lazione (soldati e civi-li) sembrava voler ac-cettare l'immagine rassicurante che l'opi-nione pubblica offriva del conflitto, riservan-do semmai alla sfera del privato la recriminazione del lutto e del sacrificio.

8

Ieri come oggi, l'immagine della guerra viene trattata come un prodotto che deve esse-re approvato dalla committenza e riconosciuto e accettato dall'opinione pubblica. Si mostra-no i capi, i luoghi conquistati, i soldati, le trin-cee, le macchine della guerra, i vincitori, i prigi-onieri. Non si mostrano le immagini scomo-de, che rimangono nei cassetti, come ad esem-pio le istantanee dei morti e dei feriti, o quelle che individuano le indicibili condizioni in cui i soldati si trovano in trincea: insomma, tutto il «non detto» della fotografia di guerra, che tut-tavia della guerra rappresentata dai giornali e dalle riviste nel periodo bellico costituisce l'immagine nascosta e speculare.

Un aspetto del «non detto» della guerra emerge, piú che dalle ripetitive immagini uffi-ciali (la rappresentazione di un moderno ed efficiente esercito di massa), dai «ricordi visi-vi» scattati in trincea e nelle retrovie dai mili-tari-fotoamatori (ufficiali e graduati, ma an-che qualche soldato).

Contrariamente a quanto a prima vista si potrebbe supporre, esaurienti sondaggi confermano che le raccolte private della prima guerra mondia-le superano di gran lunga quelle ufficiali per quantità e poten-zialità interpretative.

Spesso, in tali rac-colte, le fotografie pri-vate del conflitto risul-tano frammiste a quel-le ufficiali, acquistate o ritagliate dai gior-nali, e a documenti e carte militari. Nasco-no cosí album che do-cumentano l'esperien-za di guerra di chi li assembla, a testimo-nianza della partecipa-zione a un evento giu-stamente ritenuto epocale. Ogni raccolta, ogni album, costitui-sce infatti una delle fonti principali, se non l'unica, per rappresentare la storia di guerra del militare che la produce. Nello stesso tem-po, da tali materiali emergono importanti in-dizi per lo studio di momenti e situazioni col-lettive: al fronte, nelle retrovie, nei momenti del servizio e del riposo, nel rapporto con i civili dei territori amici o nemici occupati. Moltissime le immagini dei servizi svolti nelle retrovie, con i soldati protagonisti e insieme sfondo delle fotografie, cosí come risultano frequenti le immagini di un tempo libero pri-vilegiato di ufficiali e militari in giro nei paesi e nelle cittadine delle retrovie, ritratti spesso in pose maliziose o soltanto giovanili con ra-gazze e fanciulli, come ormai un certo numero di documentate ricerche testimoniano a sufficienza.

È difficile trovare elementi di opposizione o diretta critica al conflitto nelle fonti fotografiche amatoriali, per la maggior parte prodotte da ufficiali: un gruppo coeso, motivato e socialmente identificabile. Nonostante ciò, probabilmente a causa della ridondanza della fonte fotografica, che spesso evidenzia piú di ciò che gli esecutori si proponevano di testimoniare, le raccolte amatoriali possono costituire un'indispensabile integrazione e un contrappunto alle raccolte ufficiali. Grazie alla loro capillarità e alla maggiore «presa diretta», le immagini amatoriali si soffermano con meno reticenza sul lavoro del soldato, sulle crude immagini della trincea, della fatica, della desolazione del campo di battaglia e (quando la volontà di testimoniare riusciva ad andare oltre le costrizioni disciplinari e la stessa autocensura dell'operatore) sullo strazio dei corpi, sulla disperazione della morte. In questo senso, le immagini private del conflitto costituiscono fonti privilegiate, a volte insostituibili, per indagare su un piú generale, controverso e ambivalente rapporto tra l'uomo e la guerra, la violenza, l'orrore, la morte e la speranza.

Per sgombrare il campo da ogni possibile equivoco sulla presunta maggiore neutralità della fonte fotografica nella rappresentazione della realtà, va detto – è stato ampiamente dimostrato, e quasi non varrebbe la pena di soffermarvisi, se non per ribadire con forza il concetto – che la fotografia può «mentire» allo stesso modo di una fonte d'archivio o di una memoria riservata. E tuttavia, nel confronto tra le diverse immagini, attraverso l'analisi e la decodifica dei soggetti e delle particolarità, nell'esplicitazione delle regole di produzione e delle motivazioni che le animano, emergono – cosí come avviene per le piú tradizionali fonti a disposizione dello storico, con cui le fotografie devono saper e poter dialogare – confronti, informazioni, stimoli, piste di ricerca, che vale la pena di seguire.

L'importanza della fotografia come fonte per la storia della guerra deriva appunto dalla capacità di dialogo e confronto con le altre fonti: la complessiva iconografia ufficiale e privata del conflitto, le fonti militari ufficiali, la stampa e la memorialistica, i diari, le lettere e le memorie di ufficiali e soldati, la cartografia di guerra e cosí via. Senza questo indispensabile confronto, senza il raccordo con le coordinate generali e specifiche dell'evento che le origina, le immagini di guerra risultano in gran parte private della loro valenza di documento storico. Al contrario, un corretto utilizzo della fonte fotografica, un'analisi comparata di quello che la fotografia mostra e non mostra, può contribuire in maniera originale a un piú consapevole studio su alcuni temi centrali per la storia della guerra, come ad esempio la vita e il quotidiano dei soldati in trincea e nelle retrovie, ma anche la dislocazione logistica dell'esercito, l'esame del campo di battaglia e delle retrovie, eccetera. Va inoltre sottolineato che spesso le fotografie di guerra costituiscono, per i paesi e i luoghi rappresentati, la piú cospicua raccolta di immagini storiche meritevoli di attenzione e di studio per le rilevanti informazioni che possono offrire in campi diversi.

1. Assalto a una quota carsica, SFEI, 1917.

2. «Non bere. Pericolo di morte»: avvertimento per i soldati o falso messaggio segno della guerra psicologica combattuta con il nemico. Salcano (Gorizia 1); SFEI, 1916.

3. Reticolati austro-ungarici davanti alla trincea di Selo, KPQ, 1917.

4. Il rancio in attesa della partenza, agosto 1916.

5. In trincea sul Carso; fotografia del caporale Bartolomeo Preti, 1916.

6. Soldati italiani e prigionieri austro-ungarici ai piedi del Monte San Michele; foto del capitano E. Toscano, 1917.

7. In posa fra le nuvole su un aereo da bombardamento Caproni CA3 di stanza a La Comina (Pordenone); foto Paravicini, 1917.

8. Trincee di sassi sul monte Sabotino; fotografia del maggiore Alberto Albertacci, ottobre 1915.

9. Sentinella
sul monte Grappa,
davanti ai colli
Moschin e Fenilon,
SFEI, 1918.

10

![Reparto austro-ungarico a Ronchi](Ronchi 16-5-1915)

12

Superato l'Isonzo si incontra la guerra, messa «a fuoco» dai servizi foto-cinematografici degli eserciti contrapposti. Soprattutto nei primi due anni del conflitto il fiume insanguinato e il pietroso Carso sembrano riassumere, per i soldati al fronte e per il paese in attesa, una guerra dalle caratteristiche sfuggenti eppure terribili.
I capi la guardano da lontano. Per il fante è lavoro quotidiano.

10. Truppe italiane passano l'Isonzo sul ponte di Pieris (Gorizia); SFEI, 1916.

11. In alto da destra: il duca d'Aosta e i generali Cadorna, d'Alessandro, Porro e Panizzardi all'osservatorio di Medea; SFEI (foto sergente Luigi Marzocchi), 23 luglio 1915.

12. Reparto austro-ungarico a Ronchi (Gorizia), 16 maggio 1915.

13. Soldati italiani in trincea ai piedi del monte San Michele. Sullo sfondo, l'Isonzo nei pressi di Gradisca; SFEI (foto-cartolina), autunno 1915.

13

Trinceramenti Italiani
Trincea del 139
Lunetta avanzata
Approccio alto
approccio basso
Osservid. Q. 529

Vetta del Sabotino
da q. 826
caverna
cammino at...

14

La fotografia panoramica delle
posizioni austro-ungariche del monte
Sabotino rivela un settore cruciale
delle prime operazioni italiane e nello
stesso tempo ben riassume il piú
generale, desolato campo di battaglia
delle undici offensive carsiche.

15

14. Panorama delle trincee italiane
e austriache del monte Sabotino
(Gorizia); foto del maggiore Alberto
Albertacci, ottobre 1915.

15. Trincea italiana sul Sabotino;
foto del maggiore Alberto
Albertacci, ottobre 1915.

16. Vedetta austro-ungarica sul San
Michele; KPQ (foto R. Balogh),
primavera 1916.

Linea

appost: mitragliatrici

fucione fra cammini
alto e medio

Caverna

Cammin: medio

Fortino

Trinceramento austriaci

q. 609

16

17

17. Il castello di Duino e, sullo
sfondo, Miramare e la città di
Trieste dalle posizioni italiane
davanti a Monfalcone; SFEI,
marzo 1917.

Dalle trincee avanzate di Monfalcone, occupata dalle truppe italiane nelle prime settimane del conflitto (9 giugno 1915), i soldati vedono in lontananza il golfo e, a pochi chilometri in linea d'aria, le bianche case della «italianissima» Trieste (in realtà grande città plurietnica di circa 250.000 abitanti nel periodo prebellico, terza per importanza economica e industriale nel multinazionale Impero asburgico).

La propaganda interventista ha fatto della città (cosí come di Trento) il principale dei suoi obiettivi. Si tratta ora di conquistarla. Ma la trincea austriaca frena gli attacchi italiani e dissolve il sogno di una guerra breve e vittoriosa.

18

Per ovvi motivi di sicurezza la guerra, fotografata in tutti i suoi molteplici aspetti fino in trincea, «scompare» quando è il momento di andare all'attacco, quando bisogna uscire allo scoperto e conquistare la posizione avversaria. Le poche immagini di tali azioni sono tratte, di solito, da fotogrammi di riprese cinematografiche in cui la guerra viene ricostruita nelle immediate retrovie quasi come in un set cinematografico.

18. L'uscita dei fanti dalle trincee (zona carsica); foto del capitano Carli, 1916.

19. Mitragliatrice schwarzlöse in azione sul Carso; KPQ, 1915.

19

«...salta fora dalla trincea uno, poi l'altro, poi
quell'altro, non ci si vedeva piú, perché la vista era
confusa: saltavano su, facevano neanche tre passi e
restavano lí, attaccati ai reticolati, smirati dalle
mitragliatrici: e quante bocche gridavano
e chiamavano aiuto, aiuto... i piú tanti sono rimasti
sul filo spinato, un inferno, tutti uccisi [...]
sul terreno sono rimasti piú di mille morti, tra cui
anche qualche paesano della Valcamonica,
uno di Monno, un altro di Levo che eravamo stati
insieme la sera prima e si chiamava Marella...»

(testimonianza di Duilio Faustinelli, in *La Grande Guerra.
Operai e contadini lombardi nel primo conflitto mondiale*,
Milano, 1980, p. 278)

Nell'estate del 1915 i primi assalti italiani alla trincea austriaca vengono compiuti di giorno, in formazioni serrate, con fanfara e bandiera in testa alle truppe. In seguito, seguendo anche l'esempio degli altri fronti, verranno adottate tattiche relativamente piú evolute e una maggiore copertura di fuoco, ma rimarrà praticamente inalterato il terrificante squilibrio di perdite tra gli attaccanti e i difensori.

20. Linea di Castelnuovo, colpo di bombarda sulle trincee austriache; SFEI, 30 giugno 1915.

21. Obice austriaco (Skoda, 75 mm) in posizione; KPQ (foto R. Balogh), maggio 1916.

22. Retrovie carsiche, esercitazioni a fuoco di una compagnia di bersaglieri; SFEI (foto-cartolina), 1915.

23. Il campo di battaglia davanti alle trincee austro-ungariche del monte San Gabriele; KPQ, estate 1917.

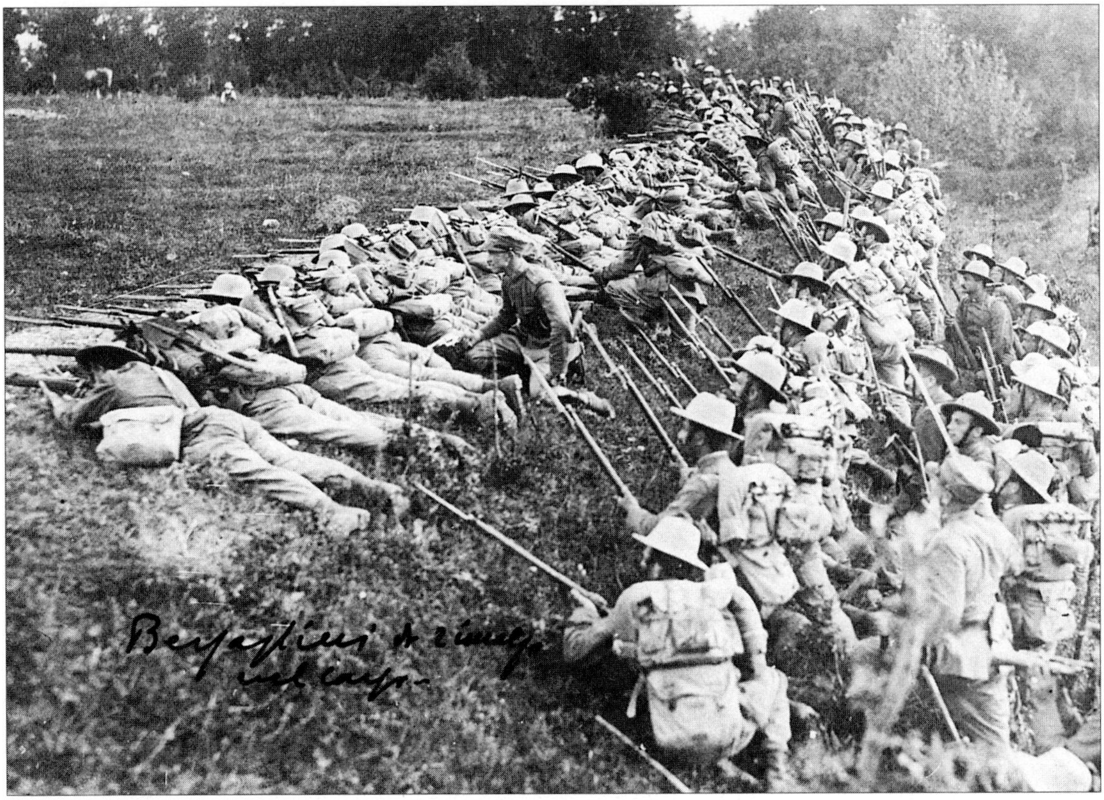

22

23

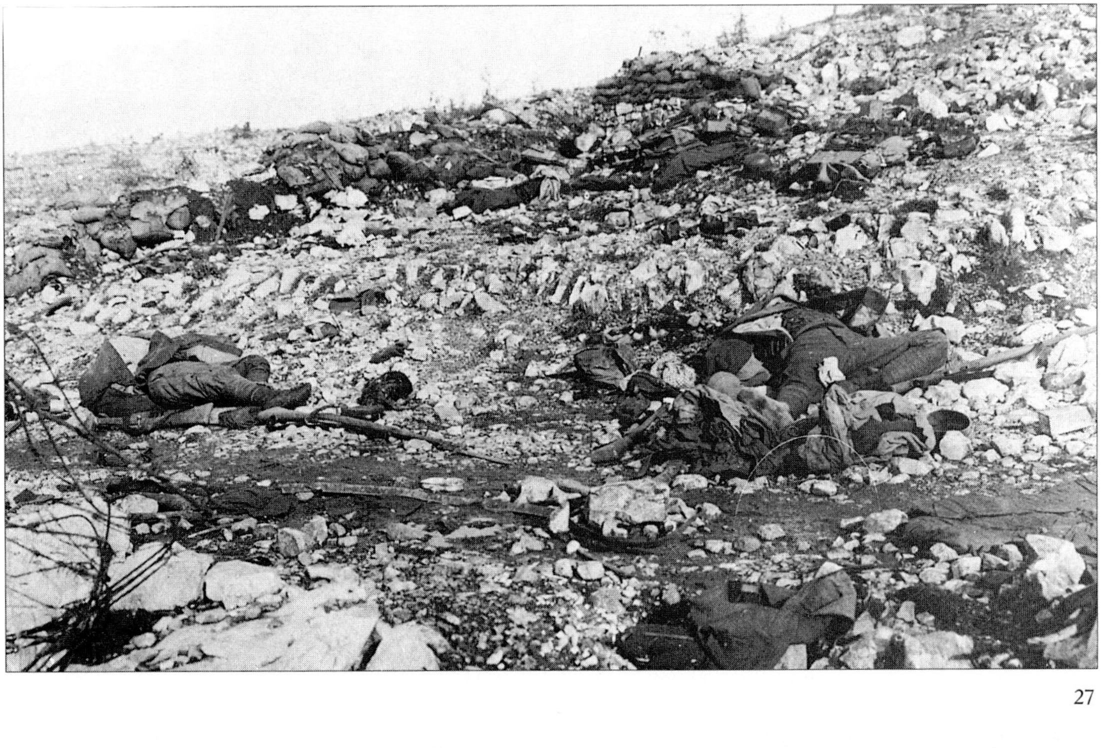

24

25

Contro i reticolati, sotto il fuoco ravvicinato austriaco, non valgono picconi né pinze tagliafili. Si provano senza successo corazze di vario tipo e scudi mobili per avvicinarsi alla trincea avversaria. Anche le cariche di esplosivo (gelatina) montate su tubi si rivelano spesso inefficienti. Piú efficace l'artiglieria pesante che tuttavia, vista la relativa vicinanza delle trincee, diventa un pericolo anche per i soldati italiani.

24-25. Esercitazioni italiane con gli scudi mobili da trincea; SFEI, 1916.

26. Svolgimento di reticolati davanti alla trincea italiana; SFEI, 1915.

27. Soldati italiani si esercitano alla distruzione dei reticolati con i tubi di gelatina protetti da ripari mobili; SFEI, 1916.

26

28. Il generale Luigi Cadorna al suo scrittoio; SFEI, marzo 1916.

29. Cadorna a colloquio con Gabriele D'Annunzio e padre Semeria a Udine, sede del Comando supremo; SFEI, 1916.

30. Il feldmaresciallo Svetozar Boroevič von Boina, comandante della V Armata austro-ungarica dell'Isonzo (Isonzoarmee); KPQ, 1917.

La fotografia del generale Luigi Cadorna allo scrittoio viene
pubblicata in grande formato (due pagine intere) sul
periodico Treves «L'illustrazione italiana» nel marzo 1916,
quando il Comando supremo, capito ormai che la guerra è
destinata a durare a lungo, decide di intervenire con piú
forza nell'organizzazione della propaganda di guerra
mediante un compiuto servizio cine-fotografico militare in
grado di raccogliere le immagini del conflitto sui diversi
fronti e smistarle a giornali, riviste, iniziative patriottico-
editoriali. Il lavoro viene eseguito a Udine, sede del Comando
supremo; proprio a Udine la fotografia 29
riprende due «colonne» della propaganda di guerra – il
«poeta-soldato» Gabriele D'Annunzio e il cappuccino
Giovanni Semeria – a colloquio con Cadorna. Mentre
D'Annunzio non ebbe mai dubbi sul suo ruolo di «vate»
dell'Italia in guerra, Semeria scontò con cicliche,
pesantissime crisi depressive gli intimi contrasti tra la sua
coscienza di religioso e il compito che si era assegnato:
incitare i soldati ad andare a uccidere e morire sui reticolati.

Stato maggiore della brigata "Sassari" in *riserva* a Carzano nel 1917. (*Sottili*)

31

32

33

34

31. Lo stato maggiore della
brigata Sassari a Bosco
Cappuccio; SFEI (foto-
cartolina), estate 1915.

32. Un reparto austro-ungarico
sfila nelle retrovie del fronte
dell'Isonzo; KPQ, 1915.

33. Soldati italiani a Turriaco, in
marcia verso le trincee del Carso
nei giorni della presa di Gorizia;
SFEI, agosto 1916.

34. Il comando di un'unità
austro-ungarica in caverna sul
Carso; KPQ, 16 settembre 1917.

I reparti foto-cinematografici
dell'esercito italiano

35

35. Un operatore dei servizi
foto-cinematografici in
azione con la cinepresa sul
fronte carsico; SFEI, 1917.

36. L'inquadratura della «bella
morte» in una immagine di
propaganda montata, prodotta
e distribuita alla stampa dai
servizi foto-cinematografici
del Comando supremo; SFEI.

36

All'inizio del conflitto, l'esercito italiano
schierava tre squadre fotografiche da campagna
con sede a Udine, Tricesimo e Cervignano, a
disposizione rispettivamente del Comando
supremo, della 3ª e della 2ª Armata. Ogni
squadra era composta da un ufficiale coman
dante, tre fotografi, autovetture e soldati al
seguito, ed era dotata di macchine formato
13x18 e 18x24. Nelle zone montane operavano
quattro squadre telefotografiche da montagna, a
disposizione della 1ª Armata (a Verona) e del
Comando zona Carnia (a Tolmezzo). Ogni
squadra (un ufficiale, tre fotografi, alpini e muli)
disponeva di un apparato telefotografico 24x30,
camere a mano e una tenda-camera oscura. I
parchi d'assedio del genio possedevano proprie
squadre di fotografi, cosí come l'aviazione e la
marina. Nel corso del conflitto i servizi
fotografici e cinematografici dell'esercito (questi
ultimi affiancati dal 1916 anche da operatori di
ditte private) vennero potenziati fino a contare,
nel 1918, oltre 600 fotografi e operatori con 291
camere di vario tipo affiancati da laboratori di
sviluppo fissi e mobili, mentre il materiale
fotografico veniva fornito fin quasi in prima
linea attraverso i magazzini avanzati.
Il risultato fu non meno di 150.000 lastre e
negativi e un numero incalcolabile di stampe
utilizzate per fini operativi, di documentazione
interna ai reparti e di propaganda. Quest'ultima
rilevante funzione della fotografia di guerra
prevedeva il controllo preventivo degli uffici del
Comando supremo, che provvedevano
successivamente a distribuire le immagini a
giornali, riviste, imprese editoriali, comuni,
patronati e associazioni patriottiche varie.

Il Kriegspressequartier
austro-ungarico

37

Su tutti i fronti in cui venne impiegato, l'esercito austro-ungarico utilizzò ampiamente la rilevazione fotografica per fini tattico-strategici, cosí come per esigenze di documentazione interna e di propaganda, con una ingentissima produzione di lastre, negativi e copie positive di vario formato e soggetto. La produzione, il controllo e la distribuzione erano funzioni demandate al Kriegspressequartier (Ufficio della stampa di guerra), istituito nell'agosto 1914 per coordinare le diverse attività della propaganda. Numerosi artisti e fotografi vennero mobilitati all'interno di tale struttura, che prevedeva anche il controllo della corrispondenza dei soldati e la redazione di bollettini, articoli e comunicati stampa da inviare a giornali e riviste.

Artisti e fotografi erano espressamente invitati a rappresentare la guerra nelle sue diverse e molteplici forme per rafforzare nei soldati e nelle popolazioni lo spirito patriottico e far accettare le responsabilità e i sacrifici che il conflitto necessariamente comportava. Agivano con relativa libertà d'azione, e nel loro lavoro erano liberi di scegliersi soggetti e tecniche. L'attività del Centro fotografico era indipendente dal Gruppo artistico e utilizzava fotografi professionisti, fotografi dell'Istituto fotografico militare e anche militari fotoamatori, che periodicamente visitavano le diverse zone del fronte e procedevano a minuziosi rilievi fotografici delle prime linee e delle retrovie. Le fotografie destinate alla propaganda venivano

37. Schizzo dal vero di un militare
del Kriegspressequartier in un
paese del Friuli invaso; KPQ,
1918.

38

visionate dal servizio stampa del ministero della
Guerra, che tuttavia, dal 1917, demandò tale
incarico al Kriegspressequartier, che continuò a
coordinare autonomamente la raccolta e la
distribuzione delle immagini provenienti dalle
diverse sezioni fotografiche istituite presso i
comandi d'armata. Materiale cinematografico
veniva girato da operatori militari e privati sotto
il controllo del Kriegspressequartier.
Di particolare interesse, per il fronte italiano,
i rilievi fotografici e cinematografici assunti dal
Kriegspressequartier austro-ungarico (nonché
dai corrispondenti servizi tedeschi) nel corso
dell'occupazione militare del Friuli e del Veneto
orientale.

38. L'inquadratura della «bella
morte» in una fotografia del
fotografo professionista ungherese
Rudolph Balogh, KPQ, primavera
1916. Si noti il mestiere del
fotografo nel conveniente «taglio»
dell'inquadratura (che diventerà una
struggente immagine di
propaganda) e negli interventi con la
matita grassa volti a eliminare le
imperfezioni della foto ma
soprattutto l'«antiestetico» volto del
caduto adiacente a quello del
soggetto fotografato.

39

40

Il fronte piú cruento della guerra
italo-austriaca corre lungo l'Isonzo:
le trincee austriache partono dal
monte Rombon (m 2.208) a picco
sulla conca di Plezzo (Bovec),
proseguono in quota (affiancate a
quelle italiane) sull'aspra catena
dei monti Vrsic, Vrata, Nero e Mrzli
(tra 1.800 e 2.000 metri) finché,
a valle, oltrepassano la riva destra del
fiume e formano la testa di ponte di
Tolmino, sorretta dagli avamposti
delle alture di Santa Maria (m 433) e
Santa Lucia (m 588).

41

42

39. Il corso dell'Isonzo e l'abitato di Tolmino da quota 509; KPQ, novembre 1917.

40. Il ponte sull'Isonzo nei pressi di Tolmino, distrutto nella ritirata italiana di Caporetto; KPQ, novembre 1917.

41. Il monte Mrzli con sullo sfondo la catena del monte Nero; SFEI, 1916.

42. Il corso dell'Isonzo nei pressi di Plezzo; KPQ, novembre 1917.

43

44

Il fronte è successivamente delimitato dal corso dell'Isonzo: sulle alture della riva sinistra gli austriaci, sulle quote della riva destra gli italiani. Particolarmente difesi dagli austro-ungarici i paesi di Auzza, Canale, Descla, Plava e Zagora, che chiudono le strade per l'Altopiano della Bainsizza, conquistato dagli italiani nel corso della ultima imponente offensiva dell'Isonzo, tra agosto e settembre del 1917.

45

46

43. Ponte di barche italiano sull'Isonzo nei pressi di Bodrez; SFEI, agosto 1917.

44. Mitragliatrici austro-ungariche in posizione sulla Bainsizza; KPQ, 7 settembre 1917.

45. Colonne austro-ungariche sulla Bainsizza; KPQ, 18 settembre 1917.

46. Un ospedale da campo italiano sulla Bainsizza; SFEI, estate 1917.

47

Dopo aver lambito tra pareti scoscese le
alture del Kuk (m 711), del Vodice (Vodil,
m 652) e del Monte Santo (Sveta Gora,
m 682), fino al 1917 in mano austriaca,
l'Isonzo tocca Gorizia, serpeggia ai piedi
del monte Sabotino (m 609), si lascia
alle spalle il baluardo austriaco del monte
San Gabriele (m 642) e si dirige verso
il mare.

48

49

50

47. Gorizia, il corso dell'Isonzo e il ponte distrutto di Salcano dal monte San Gabriele; KPQ, 21 febbraio 1918.

48 e 50. Il santuario del Monte Santo prima e dopo il bombardamento italiano del maggio 1917; SFEI.

49. Piazza Grande e il castello: immagini di Gorizia occupata dai soldati italiani; SFEI, maggio 1917.

51

Gorizia è città in prima linea. Italiani e
austro-ungarici si combattono a poche
centinaia di metri dalla sua periferia, sulle
colline del Podgora e di Oslavia e lungo
l'Isonzo. Martoriata retrovia austriaca fino
all'estate del 1916, la città viene occupata
dagli italiani l'8 agosto di quell'anno.
La conquista di Gorizia, importante
soprattutto dal punto di vista
propagandistico, rilancia le quotazioni di
Cadorna e dell'esercito di fronte al paese e
agli alleati. Tuttavia, la guerra di trincea
riprende poco lontano e, dopo Caporetto e
fino alla fine del conflitto, la città ritornerà
austriaca.

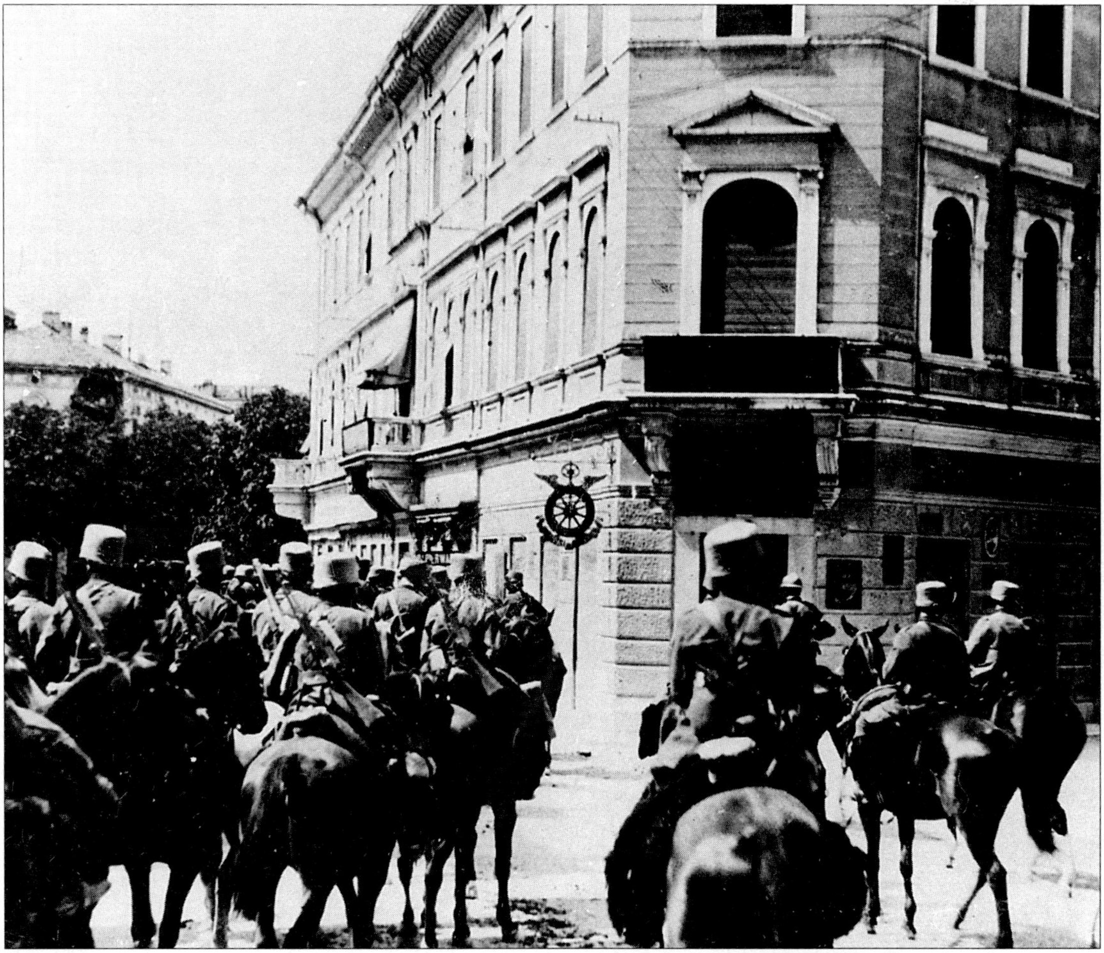

52

53

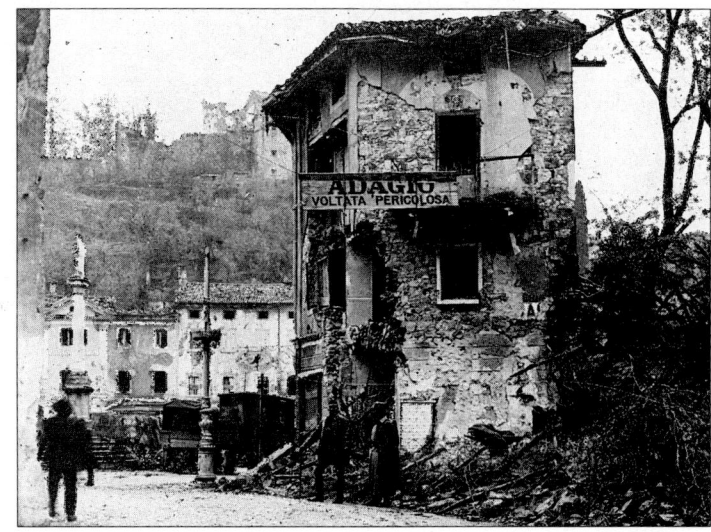

51. Una via di Gorizia; SFEI, maggio 1917.

52. Cavalleria italiana a Gorizia lungo il corso Francesco Giuseppe; SFEI, agosto 1916.

53. Gorizia, «Adagio. Voltata pericolosa»; SFEI, 1916.

56

Gorizia città in guerra ma non disabitata.
Un numero variabile tra quindicimila e diecimila
abitanti (sui circa trentamila del 1913) rimane
fino alla metà del 1916 nelle case e, anche dopo
la conquista italiana, piú di tremila rifiutano
un difficile destino di profughi per rimanere
nelle cantine di una città in parte distrutta.
Alla fine del conflitto i civili deceduti per cause
di guerra sono oltre quattrocento; quattromila i
decessi» per insufficienza di cure sanitarie»; circa
ventisettemila (fra città e circondario) gli invalidi
censiti nelle statistiche dell'immediato
dopoguerra.

54. Gorizia, deposito ferroviario
distrutto; SFEI, agosto 1916.

55. Civili goriziani conducono una
difficile vita «sotterranea» nelle
cantine prima e dopo l'occupazione
della città; KPQ, 1915.

56. La «Casa della giostra» a Lucinico,
sobborgo di Gorizia; SFEI, 1916.

57

58

Conquistata Gorizia e le trincee carsiche del San Michele e di Doberdò, la guerra di posizione riprende sulle alture immediatamente a est della città (il Monte Santo e la quota 646 del San Gabriele) e sul piatto Altipiano di Comeno (Komen), per poi arrivare al mare nei pressi di Monfalcone, ai piedi del forte sistema difensivo austriaco appoggiato ai contrafforti e alle caverne del monte Hermada. Dall'autunno del 1916 all'estate inoltrata del 1917 gli eserciti contrapposti intensificano gli sforzi e di conseguenza aumentano la produzione bellica, il volume di fuoco, il numero delle perdite.

59

57. Reparti italiani in attesa
dell'azione sul rovescio del
Vallone; SFEI, 1917.

58. Uscita di pattuglie nei pressi
di quota 144; SFEI, estate 1917.

59. Le posizioni austro-ungariche
dell'Hermada viste dalle
postazioni italiane di quota 121
di Monfalcone; SFEI, 1917.

60. Pattuglia austro-ungarica in
azione nei pressi di Selo; KPQ,
25 agosto 1917.

60

63

61. Le prime linee italiane davanti a Monfalcone dalle trincee austro-ungariche dell'Hermada; KPQ, 29 agosto 1917.

62. Bombardamento italiano dell'Hermada con in primo piano le strutture industriali di Monfalcone; SFEI, agosto 1917.

63. Soldati italiani in una centrale via di Monfalcone; SFEI, 1916.

64. Il duomo distrutto di Monfalcone fotografato dagli austriaci dopo la ritirata di Caporetto; KPQ, 3 novembre 1917.

Nelle pagine seguenti:

65. Ferrovia a scartamento ridotto lungo la cremagliera Rocchette-Asiago; SFEI, 27 luglio 1916.

64

66

68

Il 15 maggio 1916, centoventicinque battaglioni austro-ungarici travolgono il fronte italiano nel settore della 4ª Armata. È l'inizio della cosiddetta *Strafexpedition*: le perdite iniziali italiane sono ingentissime e diversi reggimenti vengono presi prigionieri dalle colonne austriache in avanzata. Asiago viene in pratica distrutta, mentre numerose unità sono richiamate dagli altri fronti per tamponare la pericolosissima falla apertasi nello schieramento italiano. Dopo alcuni giorni di aspri combattimenti il fronte si ricompone sull'Altopiano dei Sette Comuni e sulla linea Coni Zugna-Pasubio. Per circa un mese non cessano gli sforzi austriaci contro le posizioni degli altipiani e dei monti Novegno e Memerle, ma la difesa italiana regge l'urto e successivamente contrattacca, al punto che alla fine di luglio l'esercito austro-ungarico (minacciato sul fronte orientale da una violenta offensiva russa) è costretto a ritirarsi su posizioni piú arretrate, mantenendo tuttavia il controllo dell'Ortigara e del monte Zebio.

66. Fanterie italiane in marcia verso monte Mosciagh; SFEI, giugno 1916.

67. Truppe italiane di rincalzo sul Magnaboschi; SFEI, giugno 1916.

68. Attendamenti italiani tra le rovine di Asiago; SFEI, 1916.

69

70

56

69. Vallarsa, forte italiano di Pozzacchio; SFEI, 1916.

70. Baraccamenti italiani presso Cima al Bal (Pasubio); SFEI, 1916.

71. Trinceramenti italiani al passo Pramosio (Carnia); SFEI, 1916.

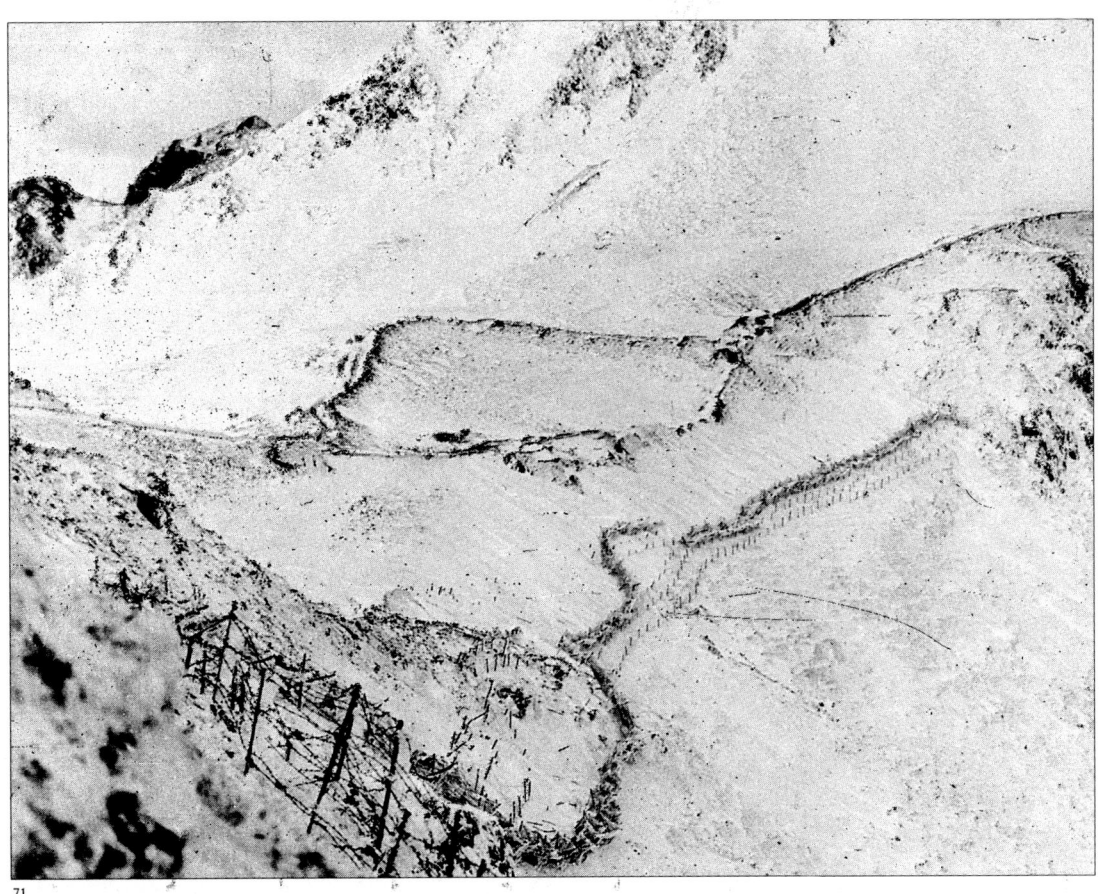

71

Per controllare i passi e le vallate bisogna
controllare le vette e allora la guerra sale sui
monti, fino a tremila metri d'altezza. I cannoni
arrivano a dorso di mulo e poi a braccia fin sulla
Marmolada e sulle Tofane, mentre alpini e
alpenjäger (valligiani uniti dallo stesso amore per
la montagna) combattono una guerra «sportiva» e
cruenta dallo Stelvio al Monte Nero, dividendo
con fanti e bersaglieri l'ingrato ma necessario
compito di scavare gallerie e trincee e trasportare
fino a tremila metri di altezza il materiale
occorrente per la guerra moderna. Tutti, infine,
devono guardarsi dalle temperature rigidissime,
micidiali se affrontate senza l'equipaggiamento
adatto. Nello stesso tempo, la natura sembra
vendicarsi dei soprusi dell'uomo nascondendo
crepacci e burroni, mentre valanghe e slavine
rendono familiare la temutissima «morte bianca».

72

73

72. Vedette italiane con
equipaggiamento invernale sul
monte Nero; SFEI 1916.

73. Il gruppo dell'Ortles ripreso
dall'aviazione austriaca; KPQ,
5 febbraio 1917.

74. Teleferica italiana
sull'Adamello; SFEI, 1916.

75

75. Alpini in azione d'attacco sul Tonale verso il Passo Paradiso; SFEI.

76. Nell'istantanea (SFEI) vengono mostrati, con evidenti fini propagandistici, il diverso equipaggiamento montano dei soldati italiani e austriaci: calzari di pelliccia per i primi, di paglia per i secondi.

77. Concentramento di truppe alla Caserma Milano; SFEI,1918. Attualmente, sullo stesso luogo sorge il sacrario del Grappa.

Nelle pagine seguenti:

78 Vedetta austro-ungarica in alta montagna; KPQ.

82

79. Colonna tedesca in marcia nel
Friuli occupato; KPQ, novembre
1917.

80. L'abitato di Caporetto nel
periodo d'occupazione italiana;
SFEI, 1916.

81. Carriaggi austro-ungarici
superano il Tagliamento
nei pressi di Latisana su un ponte
di fortuna; KPQ, novembre 1917.

82. Truppe tedesche in marcia
verso Cividale nei primi giorni
dell'invasione; KPQ, 27 ottobre
1917.

83

Nel linguaggio comune «una Caporetto» significa una sconfitta di rilevanti dimensioni, una «rotta» vera e propria, dalla quale tuttavia non è detto che non ci si possa risollevare. Proprio come accadde allora, tra ottobre e novembre 1917, per effetto della rottura del fronte italiano da parte delle armate tedesche e austro-ungariche tra Plezzo e Tolmino.

Per comprensibili ragioni (la fretta e le distruzioni della ritirata) di quella disfatta militare l'esercito italiano non conserva una documentazione fotografica pari ad esempio ad altri avvenimenti bellici del 1915-18. Al contrario, i reparti fotografici austro-ungarici e tedeschi documentano esaurientemente le diverse fasi dell'avanzata e della successiva occupazione del Friuli e del Veneto orientale, giungendo a ottenere un vero e proprio «catasto visivo» dell'invasione, da utilizzare a fini informativi e propagandistici.

83. Prigionieri italiani dell'offensiva austro-tedesca; KPQ, 7 novembre 1917.

84. Reparti austro-ungarici frammisti a prigionieri italiani a Tolmino; KPQ, novembre 1917.

85. Comando austro-ungarico nei pressi del Tagliamento; KPQ, novembre 1917.

Nelle pagine seguenti:

86. Sentinella italiana sul Piave nei pressi delle Grave di Papadopoli; SFEI, 1918.

84

87

87. Ponte di Piave; SFEI, 1918.
Si notino i trinceramenti italiani
sulla riva destra del fiume.

88. Argine fortificato del Piave
nei pressi di Candelú; SFEI,
22 novembre 1917.

89. Trincea italiana sul Piave; SFEI,
1918.

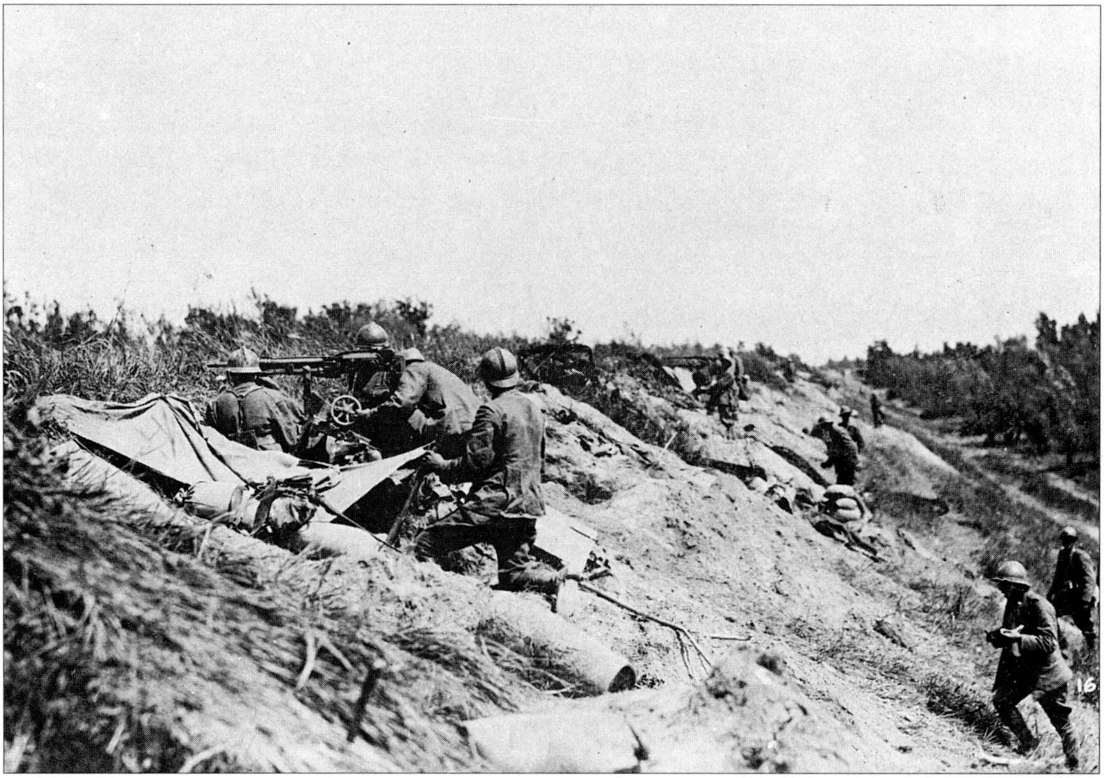

88

89

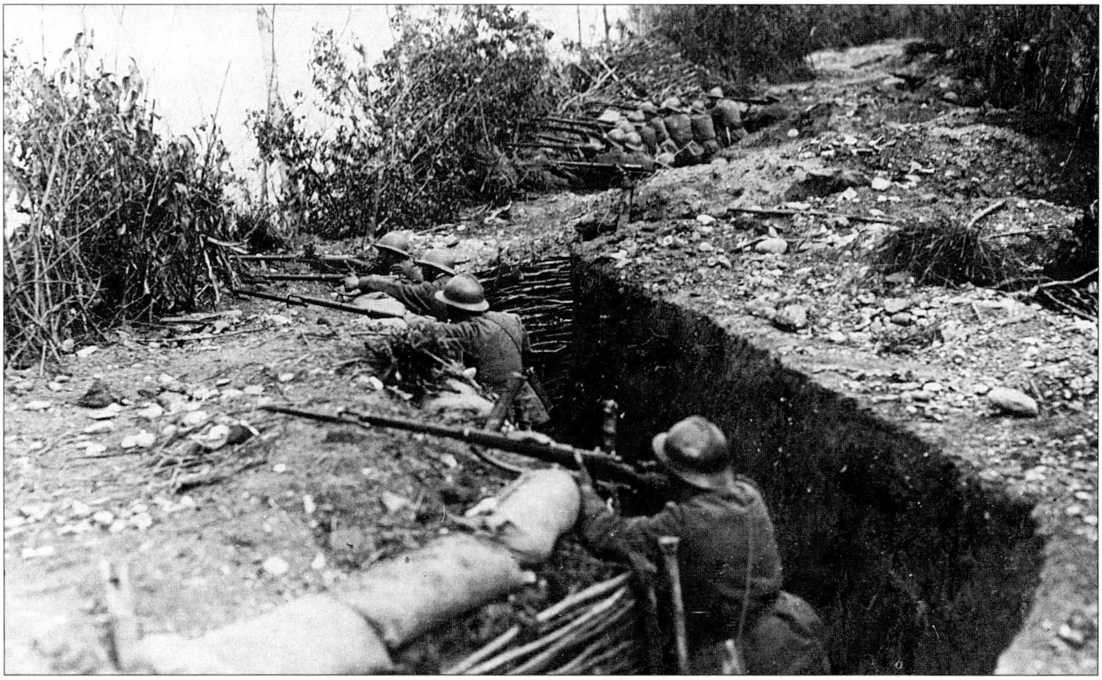

90

La ritirata italiana si ferma al Piave. Per i soldati al fronte cosí come per il paese in attesa, il fiume diventa un'unica grande trincea, in cui resistere e morire. Per rassicurare l'opinione pubblica, i giornali illustrati mostrano trincee profonde protette da artiglierie e servizi logistici scaglionati in profondità. I reparti alleati provocano curiosità e confronti, mentre i «nuovi» soldati italiani (gran parte dei veterani del Carso viene sostituita dalle leve delle classi del 1898 e 1899) sembrano maggiormente consapevoli dello sforzo difensivo che viene loro richiesto. Funziona meglio la propaganda fra le truppe, ma soprattutto non si va piú all'assalto con la terribile frequenza dei primi anni di guerra.

90. Trincee e postazioni difensive italiane lungo l'argine del Piave; SFEI, 1918.

91. Gruppo di sottufficiali inglesi; SFEI, 1918.

92. Missione inglese passata in rivista dal generale Sani; SFEI, 23 novembre 1917.

93

94

«Bitte mir auch ein wenig» (per favore, ancora un poco) recita la didascalia dell'immagine scattata in un ignoto paese del Friuli o del Veneto invasi. Fotografie del genere sono piuttosto ricorrenti nei luoghi in cui i militari vengono in contatto con le popolazioni civili, ma in questo caso l'istantanea, riportata su diversi giornali illustrati austriaci e tedeschi, diventa di propaganda, poiché avvalora un'immagine pacifica e serena della vita nei paesi invasi, in antitesi con le informazioni allarmate e altrettanto propagandistiche dei giornali italiani, tendenti ad acuire nell'opinione pubblica l'odio per il nemico «torturatore di bambini» e «stupratore di donne» nei paesi occupati. Quello che avviene, invece, è una accurata spoliazione delle risorse locali a beneficio dei magazzini dell'esercito d'occupazione, al punto che le popolazioni locali ricorderanno il 1918 come «l'anno della fame».

93. Donne e prigionieri italiani al lavoro in una fabbrica del Friuli occupato; KPQ, 1918.

94. Alla stazione di Udine si caricano le derrate alimentari sui convogli in partenza per l'Austria e la Germania; KPQ, 1918.

95. Nella foto, apparsa su vari giornali illustrati austriaci e tedeschi, soldati germanici fraternizzano con i bambini dei paesi occupati; KPQ, 1918.

96

Dopo la vittoriosa resistenza contro l'offensiva
scatenata su tutto il fronte dall'esercito
austro-ungarico nel giugno 1918, il Piave viene
definitivamente riattraversato dai reparti italiani
e alleati tra ottobre e novembre 1918. Sono le
ultime settimane del conflitto e, rispetto a
soltanto un anno prima, le parti sono ormai
definitivamente invertite. Il nemico è battuto.
I soldati festeggiano, il paese esulta, il tricolore
sventola a Trento e a Trieste.
La guerra è finita.

96. Soldati italiani oltrepassano il Piave a
Pederdobba; SFEI, ottobre 1918.

97. Un gruppo di arditi esultanti a
Fossalta esibisce armi catturate al
nemico; SFEI, 1918.

97

98. La popolazione di Trento in attesa del governatore generale Pecori Giraldi; SFEI, 4 novembre 1918.

99. Messa di campo in piazza Dante a Trento; SFEI, 10 novembre 1918.

100. Il tricolore sventola sul castello di San Giusto a Trieste; SFEI, 4 novembre 1918.

98

99

101. Il grosso proiettile austriaco inesploso, conficcatosi sul rovescio della trincea, è occasione per una posa inedita e curiosa.

102

L'espressione del soldato
austriaco, costretto dal
fotografo nella impacciata
posa di studio prima di partire
per il fronte, esprime l'ansia di
piú generazioni in armi di
fronte al rebus della guerra.
La fotografia è, per i soldati di
tutti gli eserciti, il piú
eloquente documento da
inviare (e da richiedere) alle
famiglie per far sapere che si è
vivi e in salute.

103

104

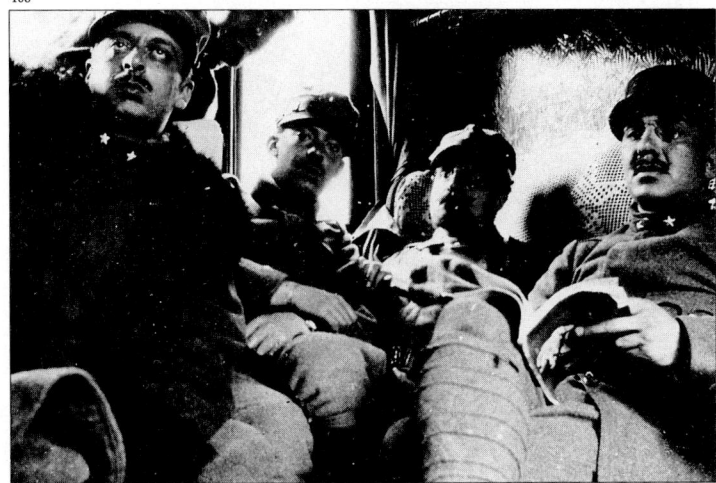

105

106

102. Soldato austro-ungarico di lingua italiana si fa fotografare a Trieste prima di partire per il fronte orientale, 1914.

103. Foto-cartolina di un ufficiale italiano: «Sempre ricordandoti con fraterno affetto. Il tuo aff.ssimo fratello Giuseppino. Zona di guerra, 15-9-18».

104. «Formato tessera» di un alpino, 1° aprile 1918.

105. La falsa partenza per il fronte inscenata davanti alla famiglia dal fotografo Giovanni Cividini, Pordenone, 1916.

106. La vera partenza per il fronte fotografata dal tenente Gino Venuti, 1915.

107

108

a Turriaco – 2 settembre 915

mitragliatrice "Fiat"

107. Il tenente Filippi (di Udine) a Turriaco, 2 settembre 1915.

108. Bersaglieri in posa con mitragliatrice Fiat, 1915.

109. Ufficiali italiani in posa con un grosso calibro austriaco inesploso a Polazzo; SFEI (foto-cartolina), gennaio 1916.

109

Tranquillizzanti scenari di guerra entrano nelle case delle famiglie in attesa sotto forma di fotografie che, assieme alle immagini dei propri cari, restituiscono ambienti e situazioni improbabilmente idilliche, in cui anche i piú espliciti richiami alla guerra e alla morte (la mitragliatrice, il proiettile di grosso calibro...) perdono il loro terribile significato.

Sezione [...] C. S. XIII C. A
[...] aprile 916

110

111

110. Foto di gruppo della sezione
sussistenza del comando del XIII
Corpo d'armata, Turriaco,
inverno 1915. Al centro alcuni
militari inglesi addetti alle
ambulanze della Croce rossa.

111. Foto di gruppo tra le rovine
di una distrutta Gorizia, agosto
1916.

112. Fanti in posa con bombe
a mano; foto eseguita dal capitano
E. Toscano, 1917.

112

I tre soldati armati di tutto punto con fucili, maschere antigas e vari tipi di bombe a mano , fotografati dal loro ufficiale, avranno certamente richiesto una copia dell'istantanea da inviare a casa. Lo stesso atto del fotografare costituisce un momento di aggregazione, di cui alcuni approfittano: «La fotografia mi serve assai per promuovere la frequenza ai SS. Sacramenti, – scrive il 31 luglio 1916 il cappellano militare E. Secondo dal fronte. – Vanno pazzi per il loro bel musino riprodotto sulla carta. Dalle cinque del mattino alle nove di sera [...] è un andirivieni di soldati che sotto tutte le forme, mi pregano di far loro il ritratto. A tutti dico la stessa canzone: io ti farò questo piacere, ma tu procura di far piacere al Signore compiendo i tuoi doveri religiosi. Vieni domenica alle 7 [...] sono puntuali» (R. Morozzo della Rocca, *La fede e la guerra. Cappellani militari e preti soldati (1915-1919)*, Roma, Studium, 1980, p. 53).

113

113. Il re vittorio Emanuele III a Sacile, con l'inseparabile macchina fotografica; SFEI, 1° novembre 1918.

114. Posa domestica di Emanuele Filiberto duca d'Aosta presso il comando della 3ª Armata (Palmanova); SFEI.

115. Il generale Armando Diaz al comando della 49ª divisione con il cane lupo Selo; SFEI, 3 settembre 1917.

116. Un gruppo di ufficiali e soldati tedeschi in posa presso il castello di Udine; KPQ, novembre 1917.

117-118. La sequenza del salto in una piazza di Gorizia occupata fermata dal capitano Enrico Bonessa, 1917.

Nelle pagine seguenti:

119. Il tenente goriziano Gino Venuti e il tenente genovese Onorio Caselli (con la fotocamera) a Perteole, primavera 1916.

114

115

117

118

116

Le fotografie «private» della prima guerra mondiale

120

Nel primo decennio del Novecento la fotografia non è piú passione elitaria, ma non ancora fenomeno di massa come lo intendiamo oggi. Tuttavia, la presenza sul mercato di apparecchi relativamente poco costosi indusse il pubblico dei ceti medi a considerare la fotografie come lo strumento ideale per testimoniare eventi, riunioni, viaggi. Cosí, allo scoppio della guerra, molti ufficiali e graduati portarono al fronte le loro fotocamere, non diversamente da quanto avrebbero fatto in occasione di un viaggio lungo e avventuroso. Altri, invece, iniziarono proprio in guerra un loro personale rapporto con la fotografia, allo scopo di immortalare e quindi testimoniare la partecipazione all'evento bellico. E dunque, benché precise norme limitassero tale attività nelle zone di guerra, su tutti i fronti del conflitto risultò frequente la figura del militare fotoamatore, pronto a fotografare, in linea e nelle retrovie, scene e momenti di un evento giudicato irripetibile.

Numerosissimi militari e fotografi dilettanti armati di fotocamere di ridotte dimensioni (Goerz Tenax, Kodak, Agfa, Mürer), riuscirono a catturare con bravura e spontaneità, in campo medio o ravvicinato, volti, interni di trincea, spicchi desolati di campi di battaglia, quadri di paesi militarizzati. L'attività amatoriale di tanti ignoti militari emerge con fatica, perché la maggior parte di tali materiali non è custodita nei musei, ma sepolta negli archivi di famiglia o peggio dispersa sui banchi dei rigattieri. Eppure si tratta di documenti estremamente preziosi (lastre, stereoscopie e negativi, provini e stampe assemblate in album assieme ad altre fotografie e documenti vari), che testimoniano la partecipazione individuale all'evento collettivo. Sono parte integrante di un piú ampio e articolato rapporto tra individuo e immagine, che utilizza la fotografia come testimonianza di avvenimenti, ma anche di atmosfere e sensazioni particolarmente sentite. Situazioni, avvenimenti, momenti che ritroviamo ancora oggi, all'interno degli album e delle «cassette di fotografie» che costituiscono l'archivio privato delle nostre storie familiari.

120-121.
Ufficiali di sanità
in posa a Romans
d'Isonzo,
fotografati dal
tenente medico
Floriano
Ferrazzi, 1917.

121

122

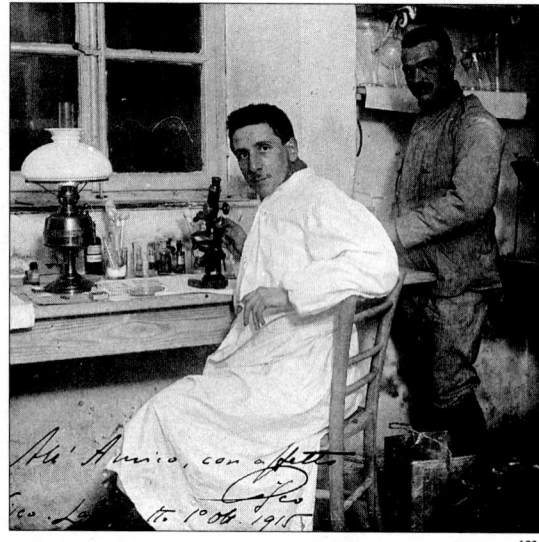

123

122. Floriano Ferrazzi all'ospedale n. 35 per colerosi di Visco, settembre 1915.

123. «All'amico con affetto», foto con dedica di un collega di Ferrazzi. Visco, 1° ottobre 1915.

124. Il tenente Floriano Ferrazzi con un gruppo di pazienti e soldati di sanità dell'ospedale da campo n. 35 di Visco, settembre 1915.

124

Il materiale fotografico scattato dal tenente medico Floriano Ferrazzi (1885-1943) – alcune migliaia di immagini fra lastre, stereoscopie, negativi e stampe – documenta il duro lavoro di un sanitario impiegato su luoghi e fronti diversi, ma anche sprazzi di buonumore, tempo libero e socialità nei paesi delle retrovie, nonché, a tratti, la «meraviglia» del viaggiatore di fronte a paesaggi, esperienze, incontri commoventi e inusuali.

125. Il tenente Ferrazzi in una pausa del servizio all'ambulanza chirurgica n. 87 della Croce Rossa nei pressi di Gorizia, settembre 1916.

126. Nella foto scattata da Ferrazzi il personale dell'ambulanza chirurgica in posa con cane e maschere antigas, 1917.

125

126

127

128

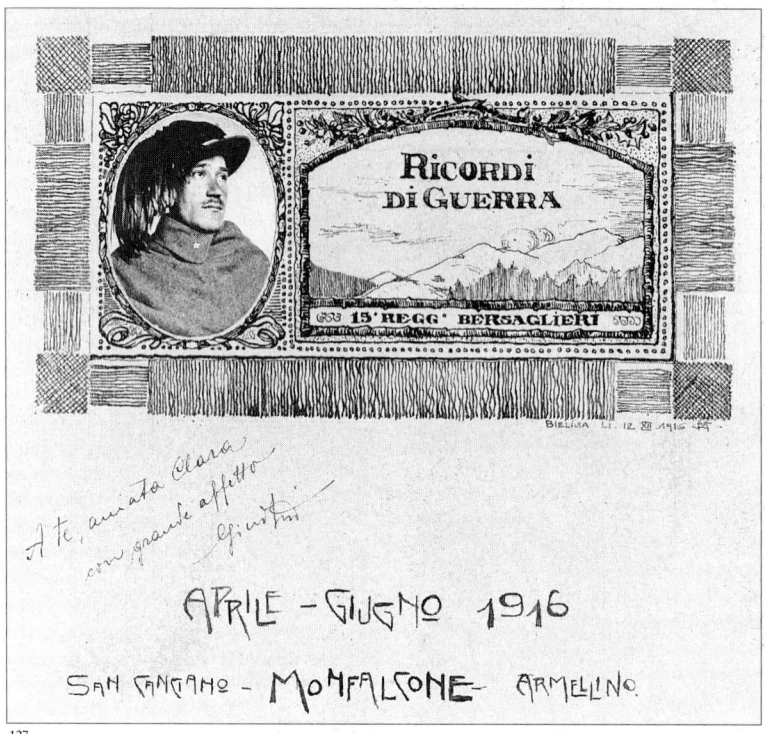

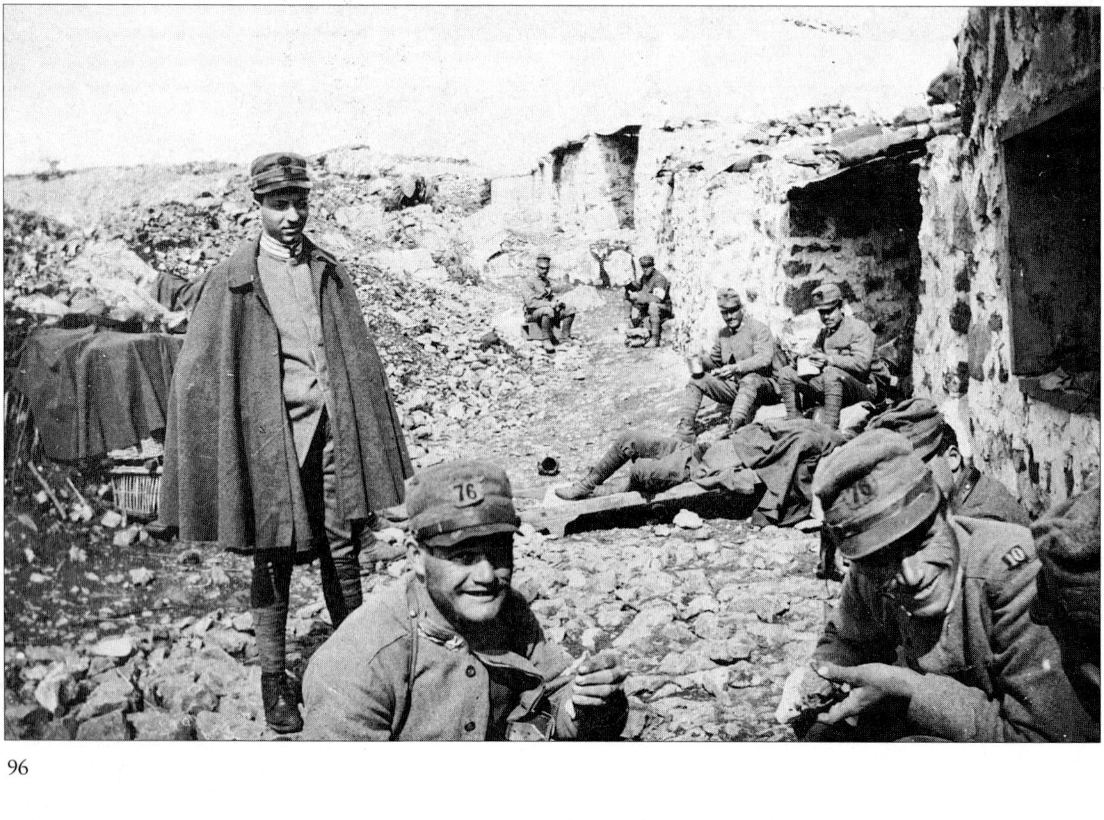

127. «A te, amata Clara, con grande affetto»: la copertina dei «Ricordi di guerra» del tenente dei bersaglieri Gino Venuti.

128. In trincea nei pressi di Monfalcone con i fanti del 76° reggimento, primavera 1916.

129. Una pagina del diario fotografico di Gino Venuti.

Il camminamento che conduce alla Rocca.

In un camminamento trincea.

Ricoveri sicuri.

Cavalli di frisia.

Il martello perforatore fa prodigi.

Avanti le nostre trincee.

Nostre vecchie trincee abbandonate.

La ferrovia per Trieste !

Tornaunna, attendente del cap. Tanaglia nel boschetto.

Le cave di Selz, viste dalle alture di Monfalcone.

130

Il tenente del 15° reggimento bersaglieri Gino
Venuti, goriziano insegnante d'italiano a Trieste
fuggito in Italia poco prima dello scoppio della
guerra e in seguito arruolatosi volontario nel regio
esercito, dedica «all'amata Clara» (la moglie) due
album di fotografie (circa 500 positivi di vario
formato) che costituiscono un interessante
esempio della guerra fotografata in trincea o nelle
immediate retrovie. Venuti offre della «sua»
guerra immagini forti, scabrose, toccanti,
irriverenti. L'album è una testimonianza ma anche
una interpretazione della guerra che sfugge a ogni
retorica.

130. Trincea avanzata nei pressi
di Selz fotografata dal tenente
Venuti nella primavera del 1916.

131-132-133. La sequenza
scattata da Venuti dalle trincee
della Rocca di Monfalcone
(sullo sfondo la città) riguarda il
rientro di una pattuglia di
ricognizione, che porta con sé
alcuni prigionieri o disertori
austro-ungarici.

131

132

133

134

135

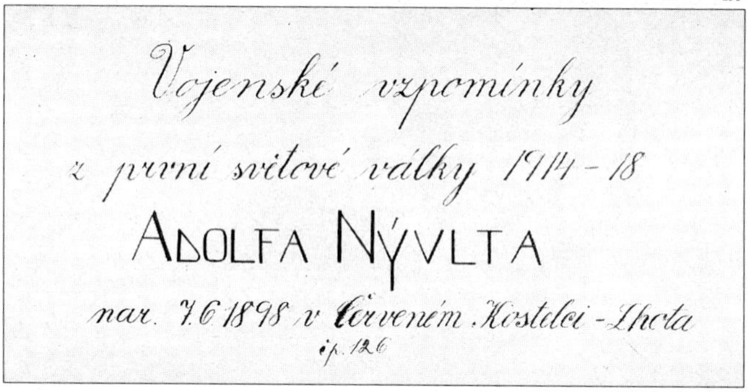

Vojenské vzpomínky
z první světové války 1914-18
ADOLFA NÝVLTA
nar. 7.6.1898 v Červeném Kostelci - Lhota
čp. 126

Il soldato austro-ungarico di lingua slovena Adolf Nyvlta assembla in un album eloquentemente intitolato «Ricordi di guerra» le immagini raccolte nel suo percorso di guerra: dalla partenza alle campagne carsiche, dall'offensiva di Caporetto alla linea del Piave.

136

134. Passaggio del Tagliamento da parte del 102° reggimento, novembre 1917.

135. Frontespizio interno dei «Ricordi di guerra» di Adolf Nyvlta.

136. La partenza, 1916.

137. L'accampamento del 102° reggimento fanteria presso il vallo di Chiapovano (Čepovan, Slo), dal 27 settembre al 26 ottobre 1917, prima di dirigersi verso il Piave.

138

139

Ricordo! Prigionia di Guerra
Castel Rocchero (prov. Alessandria)
Piemonte - Italia.
/: Settembre 1916:/

I prigionieri ammassati nelle immediate retrovie del fronte non sono piú i temibili nemici di poco prima. Per loro la guerra è finita. Sono dei vinti a cui le norme e le consuetudini internazionali accordano soccorso e rispetto, anche se il loro destino è di finire in un campo di prigionia dal quale il ritorno è incerto. Soprattutto in queste difficili situazioni, la fotografia attesta la stessa esistenza del soldato, ed è spesso il primo documento che le famiglie ricevono da sperduti luoghi di sofferenza.

138. Concentramento di prigionieri austriaci nelle retrovie carsiche del Vallone; foto del capitano E. Toscano, estate 1917.

139. Foto ricordo della prigionia in Italia di un soldato austro-ungarico di nazionalità italiana proveniente da Trieste.

140. Foto ricordo della prigionia in Austria inviata dal bersagliere friulano Giuseppe (Bepi) Garzoni alla famiglia nel 1916.

141 Trincea italiana di «massima resistenza» a quota 61 nei pressi di Monfalcone, di fronte al villaggio distrutto di Selz. Sullo sfondo, segnalate dalle scritte, le prime linee italiane e austro-ungariche; SFEI, 1916.

Nel corso della Grande
Guerra milioni di soldati
vivono, combattono e
muoiono in buche fortificate
chiamate trincee. Sul Carso e
sull'Isonzo, sui monti cosí
come sugli altipiani o lungo il
Piave, i soldati dei due eserciti
abitano trincee scavate nel
terreno, irrobustite con
parapetti di pietre o cemento
e protette da file di sacchi di
terra interrotte da feritorie e
approcci d'uscita. A
disposizione di ogni soldato
poco piú di un metro cubo di
spazio coperto in cui dormire,
mangiare, combattere,
sperare.

144

145

142. Solide trincee italiane in
vista del monte Sei Busi; SFEI,
1916.

143. Trincea italiana nei pressi
di quota 144; SFEI, 1917.

144. Trincea italiana nei pressi
di Castelnuovo; SFEI, luglio
1916.

145. Sepoltura di soldati in una
dolina nelle vicinanze di
Castelnuovo; SFEI, luglio
1916.

146

148

146. Fanti in trincea sul Bosco Cappuccio, di fronte al monte San Michele, con occhiali protettivi e maschere antigas di derivazione francese, estate 1915.

147. Il rovescio di Bosco Cappuccio invaso da ricoveri e baracche italiane; SFEI (foto-cartolina), estate 1915.

148. Comando austro-ungarico in caverna sul San Michele, 1° febbraio 1916.

149. Trincea austriaca sul rovescio del San Michele con sullo sfondo il villaggio di San Martino del Carso; KPQ (foto R. Balogh), primavera 1916.

149

151

Scavare, combattere, distruggere, ricostruire. Questi i compiti dei soldati in trincea. Se le trincee avanzate, sotto il fuoco avversario, vengono «grattate» nel terreno con la baionetta e con le mani e sono soprattutto degli ammassi di sassi e sacchi di terra, le trincee, i camminamenti e le caverne della linea di «massima resistenza» richiedono l'intervento delle perforatrici pneumatiche e degli esplosivi. Le tecniche di scavo derivano dall'industria estrattiva, mentre da una parte e dall'altra del fronte il semplice profilo della trincea viene moltiplicato all'infinito grazie al lavoro continuo e organizzato di centinaia di migliaia di soldati.

150. Trincea italiana nei pressi del lago di Pietrarossa (Monfalcone); SFEI, maggio 1917.

151. Caverna italiana nei pressi di Selo; SFEI, 1917.

152. Trincea avanzata austro-ungarica a Selo; KPQ, 1917. Si noti l'elmetto italiano «riciclato» dai soldati austriaci come copricapo, ma piú probabilmente come trofeo o improvvisato recipiente.

152

153. Ricovero austro-ungarico in caverna nei pressi del monte Faiti; KPQ, 25 luglio 1917.

154. Ingresso di una caverna austriaca sul rovescio del monte Hermada; KPQ, 1917.

153

154

157

155. Trincea italiana sul Piave;
SFEI, 1918.

156. Trincea italiana sull'Altopiano
di Asiago, Cima Echele; SFEI,
1918.

157. Trincea italiana sul monte Sei
Busi; SFEI, estate 1915.

12

158

158-159. Nelle stereoscopie scattate
dal tenente medico Floriano Ferrazzi
(settembre 1916), la distribuzione del
rancio. Utilizzando uno speciale visore,
la doppia immagine della stereoscopia
offriva un particolare effetto tridimen-
sionale.

159

160

160. L'usuale panorama nei pressi delle
prime linee italiane sul Carso; SFEI,
estate 1915.

161-162. Scene quotidiane in batteria
fotografate dal capitano E. Toscano a
Cotici (monte San Michele) nel 1917.

161

162

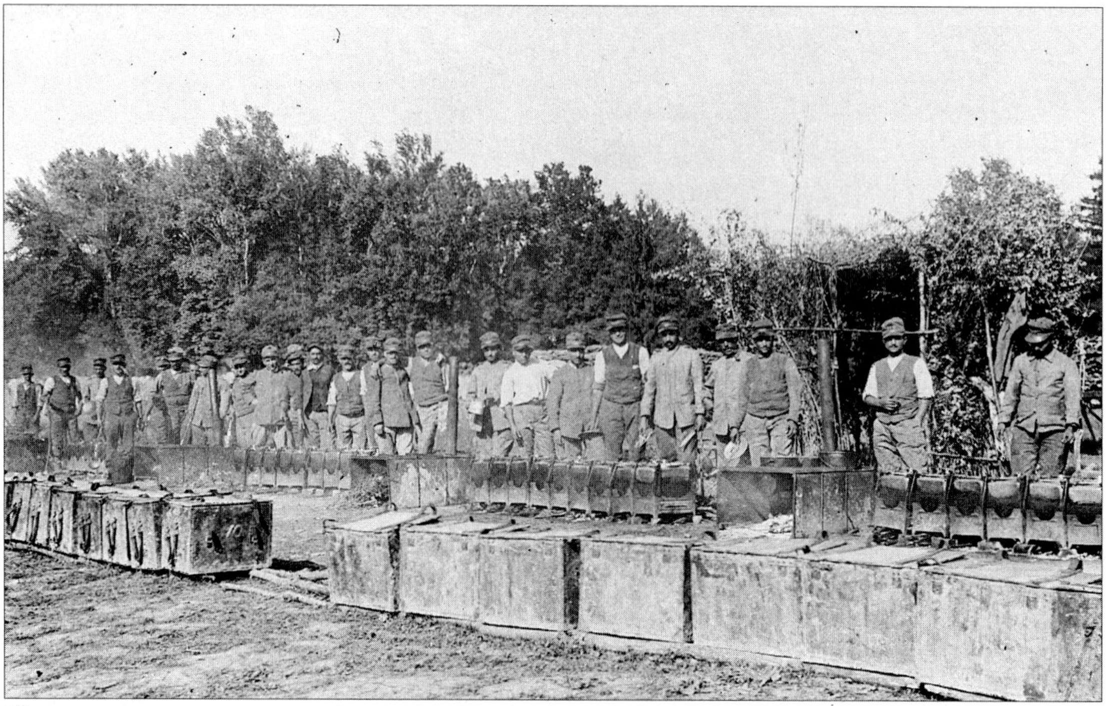

163

164

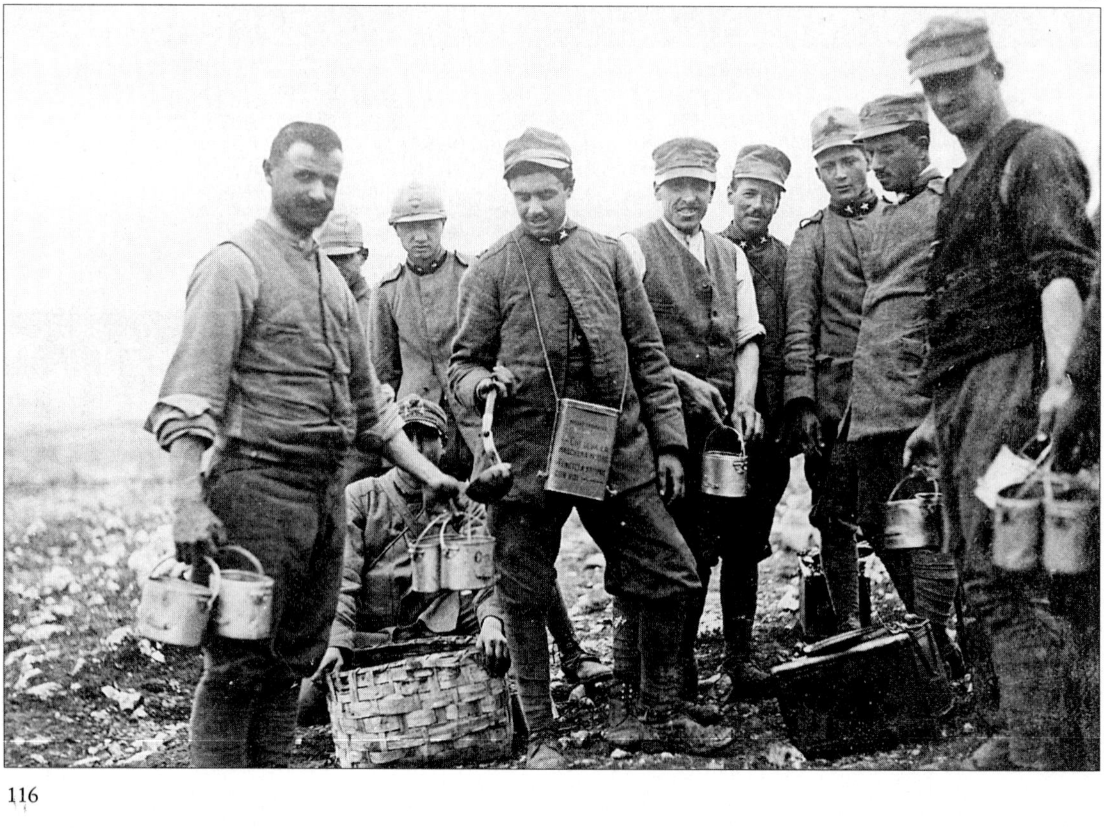

165

L'«alba tragica» della trincea può annunciare una
giornata di assalti, bombardamenti, morte. Nelle
pause di una pericolosissima quotidianità di
guerra, i soldati lavorano di notte al trasporto dei
materiali che ogni giorno la trincea divora
(munizioni, vettovagliamento, sacchi di terra,
cemento, rotoli di filo spinato, tavole) e cercano di
riposare di giorno. Il rancio viene cucinato nelle
retrovie e, quando arriva in trincea, la pasta e il
riso sono colla, il brodo gelatina, la carne un
pezzo di cuoio, il pane raffermo o sbriciolato.
L'acqua – sempre troppo poca – è sporca e a volte
imbevibile.

163. Casse di cottura nelle retrovie;
foto del tenente medico Floriano
Ferrazzi, settembre 1916.

164. La distribuzione dell'acqua a
quota 208 sud, fotografata dal
tenente medico Floriano Ferrazzi
nell'estate del 1917.

165. Riflettore in azione nei pressi di
Monfalcone; SFEI, autunno
1915.

166

167

Nei diari di soldati e ufficiali l'ambiente della trincea viene paragonato a un immondezzaio rigurgitante di rifiuti, escrementi, liquami, in cui circolano scarafaggi, insetti, parassiti, topi e ratti «grandi come gatti» che infestano ricoveri, indumenti e gli stessi corpi dei soldati. Di tali fastidiosissimi inconvenienti le fotografie restituiscono alcuni aspetti goliardici, ma non sfugge la degradazione dei corpi e l'avvilimento della dignità umana.

166-167. Due irriverenti scatti del tenente Gino Venuti nelle immediate retrovie del fronte carsico (primavera 1916), che tra l'altro evidenziano alcune significative differenze tra soldati e ufficiali. Si noti la caricatura dell'imperatore d'Austria indicata dagli ufficiali.

168-169. Nelle immagini amatoriali, due diverse «cacce grosse in trincea», sul San Michele nel 1917 (foto del capitano E. Toscano) e sul Podgora nell'autunno del 1915 (foto del maggiore A. Albertacci).

168

169

Caccia grossa in trincea.

170. Un fante sorpreso dal tenente
Floriano Ferrazzi durante una
inequivocabile operazione di pulizia
personale.

170

171

Le comunicazioni tra fronte e paese sono assicurate da un articolato sistema postale che giunge a smistare da due a tre milioni di missive al giorno. Alla fine della guerra saranno circa quattro miliardi le lettere scambiate tra esercito e paese. Nascono in trincea le prime forme di italiano popolare scritto e parlato, ma per i soldati quello che conta è far sapere che si è vivi, mettersi in contatto con il mondo di casa, in antitesi con il tangibile, incombente pericolo del fronte.

172

171. Soldati del genio pontieri in posa con il tenente Floriano Ferrazzi a Subida (Cormons), giugno 1916.

172. Punto di raccolta corrispondenza lungo il Piave; SFEI, 1918.

173. Buca delle lettere per soldati e graduati nelle immediate retrovie carsiche; SFEI, estate 1915.

74. Attendamento di
bersaglieri nei pressi
di Turriaco; SFEI
(foto-cartolina),
estate 1915.

176

L'immagine delle pagine
precedenti (tratta da una serie di
foto-cartoline di propaganda)
propone, a ridosso del fronte, un
improbabile quadro idillico. Le
mosche sulla tenda guastano
l'accuratezza della posa, mentre
imbarazza l'immobilità del
passerotto. Piú crude immagini
denunciano veritieri quadri di
morte, non la «bella morte» delle
ricostruzioni ufficiali ma la
testimonianza quotidiana
raccolta dalla trincea.

175. Soldati in sosta sotto
un'edicola della Via Crucis
lungo la strada detta della
Madonnina che conduce al
santuario di San Grado di
Merna; SFEI, 1916.

176-177. Caduti nelle trincee
italiane del Pecinka; SFEI, 2
novembre 1916.

178

179

178. «Alpino forzuto»; SFEI.

179. Un'unica croce per le fosse comuni dei caduti sul San Michele nel cimitero militare di Sdraussina (Sagrado), 1916.

180. Tomba di un caduto austro-ungarico di religione ebraica; KPQ (foto R. Balogh), primavera 1916.

182

183

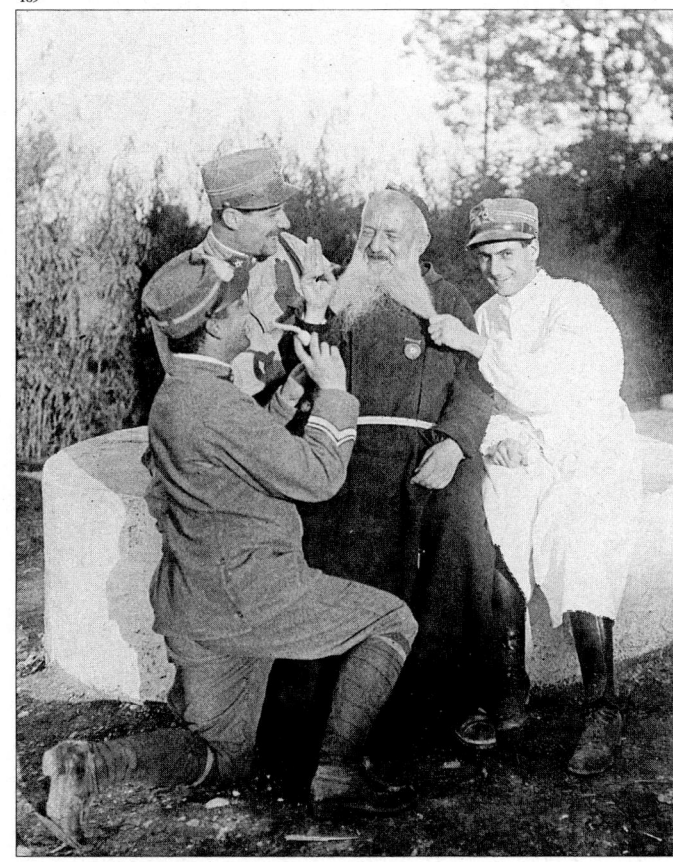

In privato si può anche scherzare con preti e cappellani, ma per la grandissima maggioranza dei soldati la fede rappresenta una potente consolazione contro le atrocità della guerra, anche quando la religiosità popolare sconfina nella superstizione, generando pratiche scaramantiche proprie di un'atavica, persistente cultura contadina.

181. Caduti italiani in attesa di sepoltura in un cimitero del Vallone; SFEI, 1917.

182-183. Nelle due immagini del tenente Ferrazzi la messa per i colerosi dell'ospedale n. 35 di Visco e, subito dopo, un momento di irriverente gioco con il fratè cappellano del reparto.

185

186

184. Soldato ungherese con violino costruito in trincea; KPQ (foto R. Balogh), primavera 1916.

185. Rancio di fanti di marina nelle retrovie carsiche (Sistiana); KPQ (foto R. Balogh), primavera 1916.

186. Rancio improvvisato da soldati italiani nelle immediate retrovie carsiche; SFEI.

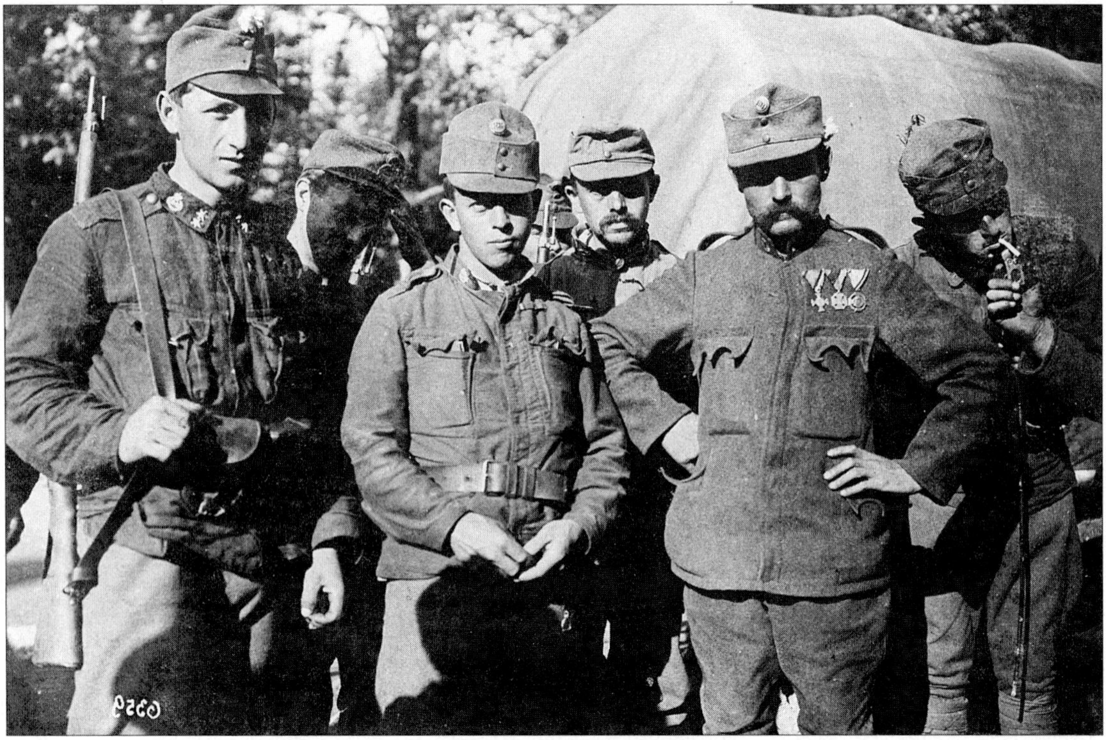

187

188

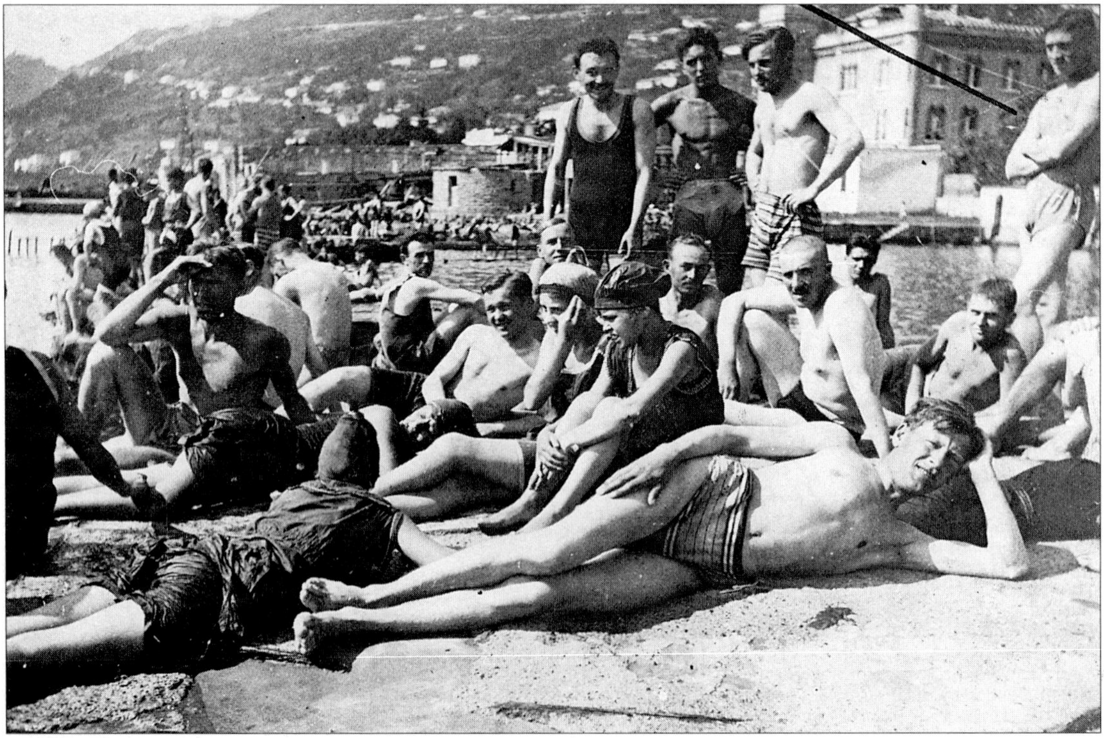

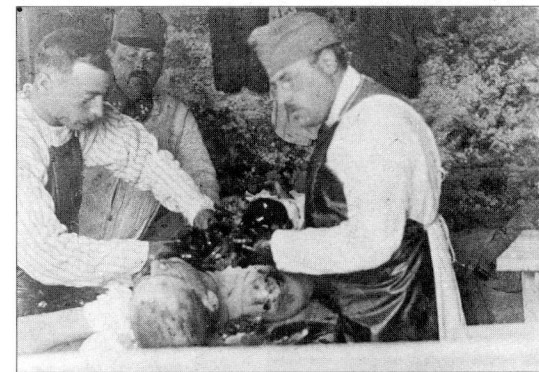

189

Le fotografie scabrose o troppo forti della guerra non trovano spazio sui giornali o nelle esposizioni patriottiche, perché ieri come oggi lo scempio dei corpi provoca fastidio, repulsione, ribellione e alla fine il messaggio che arriva è contro e non a sostegno della guerra, come vuole la propaganda. I soldati caduti sul campo di battaglia sembrano non esistere e, anche quando si riferiscono al nemico, vengono di solito censurati poiché inducono l'opinione pubblica a immediate comparazioni con i propri cari al fronte.

190

191

187. Soldati austriaci; KPQ.

188. Adolf Nyvlta con i suoi compagni ai bagni di Barcola, nei pressi di Trieste, estate 1917.

189. Soldato austriaco accanto a un proiettile inesploso sull'Hermada; KPQ, estate 1917.

190. Autopsia su caduto austriaco.

191. Caduto austriaco.

192

193

194

195

196

192. In posa con pagnotta; KPQ.

193. Autopsia su caduto austriaco.

194. «Bagno ufficiali»; KPQ, 18 settembre 1917.

195. Gioco di guerra sul monte Grappa con armi e materiali abbandonati dagli austriaci; stereoscopia del tenente Floriano Ferrazzi, ottobre 1918.

196. Il «passo dell'oca» mimato da un gruppo di ufficiali italiani nelle retrovie, 1916.

197

198

Un intervento autoptico ben riuscito può diventare un'immagine didattica e, nello stesso tempo, una «curiosità» da raccogliere e inserire nell'album fotografico, soprattutto se, come nel caso del tenente Sante Gaudenzi dell'ambulanza chirurgica n. 1 della 2ª Armata, si è a quotidiano contatto con la morte e la sofferenza. Invece, per il soldato fotografato dal maresciallo di sanità Ado Locatelli nelle retrovie, la scheggia esibita davanti alla fotocamera è un «ricordo di guerra» che allontana dalla trincea.

197. Un gruppo di soldati e graduati della territoriale nelle retrovie carsiche nel primo anno di guerra. Quasi al centro della foto, due militari inglesi.

198. Foto del maresciallo Ado Locatelli di Milano: retrovie del fronte carsico, 1916.

199. Reparti italiani salgono sul monte San Michele dall'Isonzo, SFEI, 1917.

200. Foto del maresciallo Ado Locatelli, 1916.

201. «Valisella. Feriti all'Ambulanza chirurgica d'Armata n. 1», ottobre 1916.

199

200

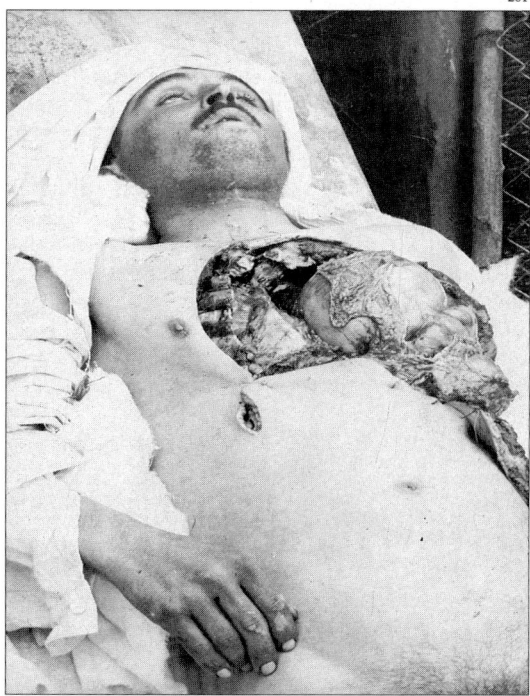

201

202

Le immagini amatoriali del conflitto denunciano una diffusa, affettuosa propensione dei militari (soprattutto ma non esclusivamente gli ufficiali, di cui possediamo maggiori testimonianze visive) nei confronti di cavalli, cani, gatti e animali in genere che incontrano nel loro percorso di guerra. È senz'altro il riflesso di un mondo ancora in gran parte rurale, ma come non leggere, in tali immagini, il desiderio di occuparsi totalmente di esseri adoranti e inermi, dimenticando almeno per un momento l'intrinseca crudeltà del loro compito di uomini in armi?

202. Scatto amatoriale del maresciallo di sanità Ado Locatelli a Pieris, inverno 1915.

203-204. Quasi un'esibizione canina nelle foto scattate dal capitano E. Toscano in un paese delle retrovie e presso le posizioni di artiglieria d'assedio di Cotici, estate 1917.

203

204

205

206

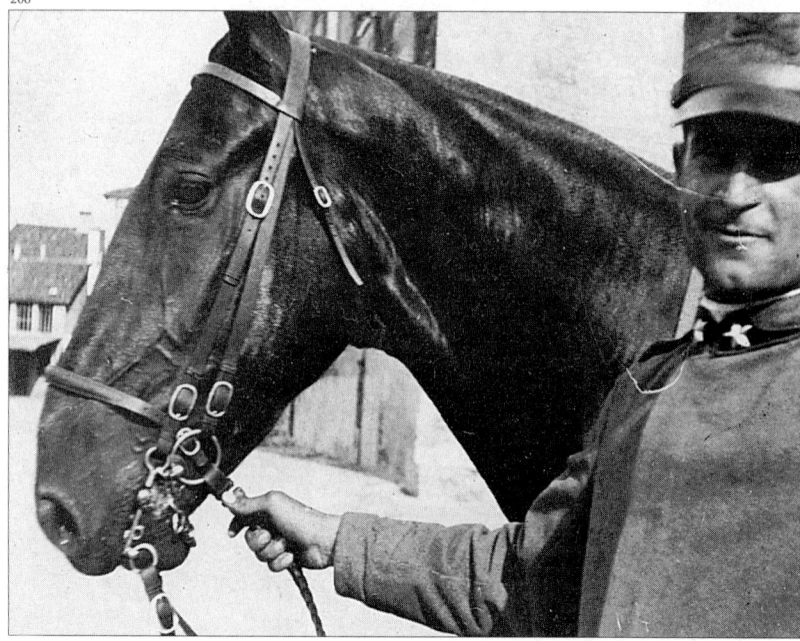

207

«Mentre raggiungo a Gradisca il Comando di
Raggruppamento, Lola, la mia magnifica fox
terrier, nel venirmi incontro mette una zampetta
sotto lo zoccolo del cavallo che mi porta. La
soccorro subito, tentiamo inutilmente di curarla.
La gambetta va in cancrena. E dopo alcuni giorni
di inutili cure e inutili sofferenze, la povera
bestiola deve essere sacrificata. Ricordo il luogo e
il modo con cui la consegnai al sergente che
doveva sopprimerla e rivedo lo sguardo con cui
essa mi fissò, quasi avesse compreso, per l'ultimo
addio.»

(G. Oreffice, *I miei ricordi 1914-1919*, diario inedito,
Museo III Armata, Padova)

205-206. Uomini e cavalli. Benché le
inquadrature delle due foto amatoriali
siano simili, soggetti e luoghi sono
differenti.

207. Dialogo animale nelle retrovie
carsiche nell'inusuale inquadratura del
tenente Gino Venuti (primavera 1916),
mentre sullo sfondo, alla roggia, i
bersaglieri sbrigano poco marziali
incombenze.

209

210

«24 settembre 1915. Giovedí. Sparano qualche colpo su Pieris e noi siamo in mezzo ai campi e si sente il crollo delle case. Un bel caso è toccato ad un povero fantaccino. Una granata gli va a scoppiare vicinissimo e collo spostamento dell'aria è portato in aria un 12-13 metri, quindi ricade a terra ancor vivo. Morirà del certo. La stessa sorte toccò a un mulo.»

(*Un Gandini alla prima guerra mondiale. Diario 1915-1916*, in «Strada Maestra», n. 12, 1979, p. 74)

208. Un bersagliere e i suoi muli nella fotografia del maresciallo Ado Locatelli, Pieris, inverno 1915.

209. L'abbeverata presso la fonte di Doberdò; KPQ (foto R. Balogh), primavera 1916.

210. Cavalli vittime del bombardamento austriaco; SFEI, estate 1916.

1. Fanfara italiana a
Pieris, foto del
maresciallo Ado
ocatelli, estate 1916.

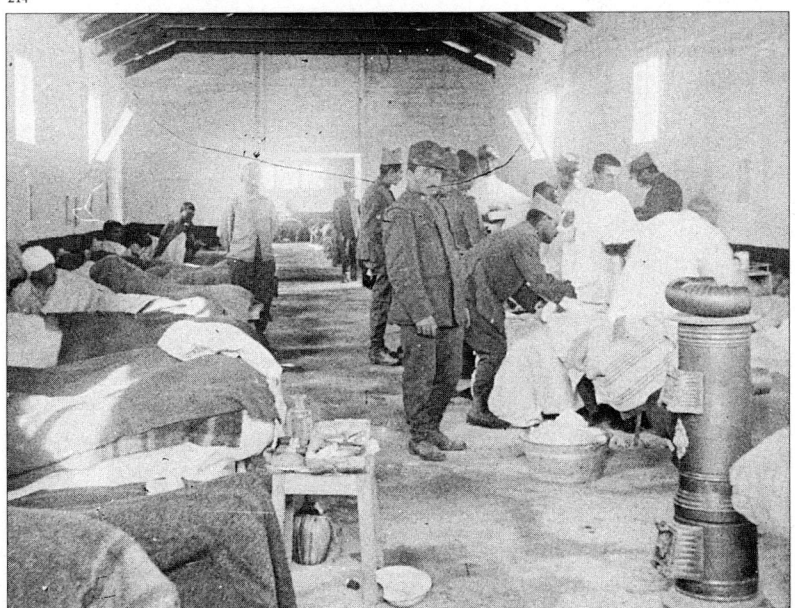

213

214

212. Campanile e via centrale di Romans d'Isonzo, paese del Friuli austriaco occupato dall'esercito italiano; foto del tenente Floriano Ferrazzi, estate 1915.

213. Ospedale da campo nelle vicinanze di Romans d'Isonzo; foto del tenente Floriano Ferrazzi, estate 1915.

214. Interno dell'ospedale da campo n. 076 nelle stalle di un palazzo padronale di Romans d'Isonzo; foto del tenente Floriano Ferrazzi, estate 1916.

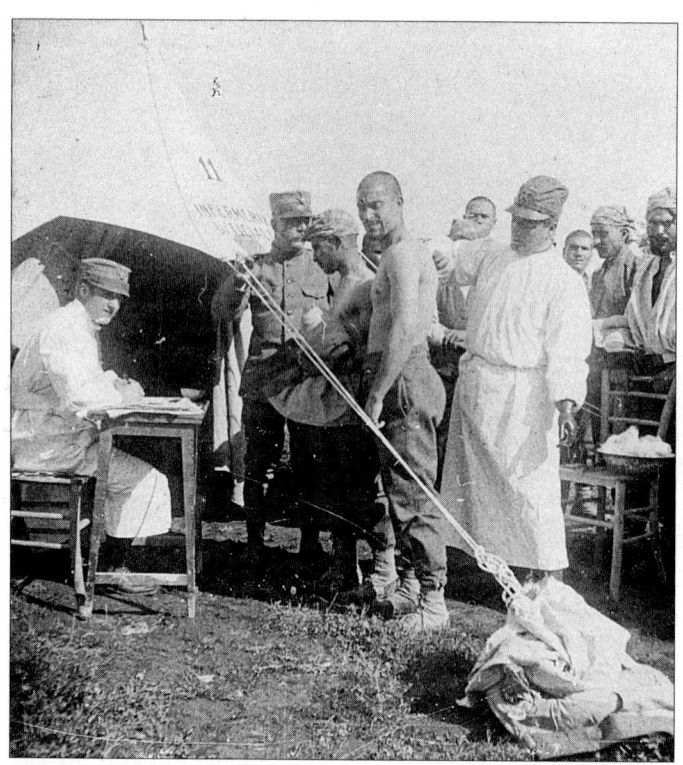

A pochi chilometri dal fronte, nelle retrovie, cannoni e ospedali, attendamenti e magazzini, campi di aviazione e scali ferroviari lavorano a pieno ritmo per alimentare la trincea. Si curano i feriti, si seppelliscono i morti, si rimpiazzano i vuoti dei reparti momentaneamente a riposo. Per i soldati di ritorno dalla trincea le retrovie sono la vita, il distacco (per molti temporaneo) dagli orrori della guerra. Allo stesso modo, gli abitanti (in gran parte donne e bambini) dei paesi occupati ricordano ai militari quadri familiari e focolari lontani.

215-216. All'ospedale da campo n. 076; foto del tenente Floriano Ferrazzi, estate 1916.

217. Soldati «colerosi» in posa per il tenente Floriano Ferrazzi, agosto 1915.

215

216

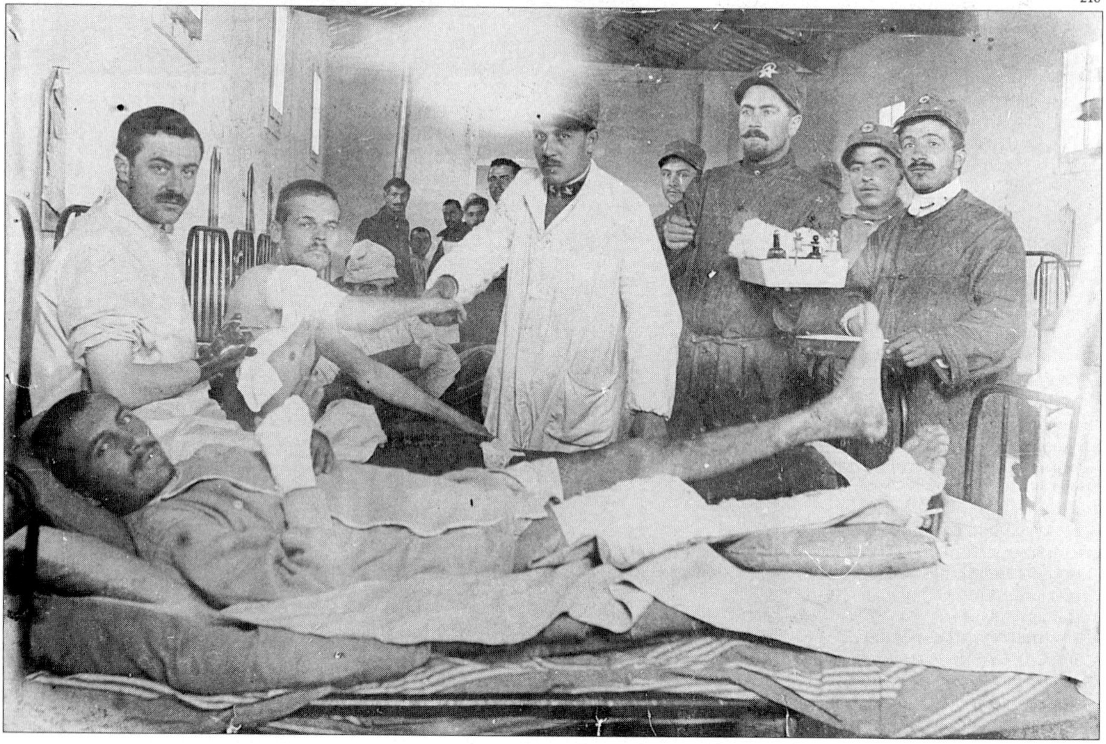

219

220

221

218. Nella foto aerea dell'aviazione austriaca l'importante nodo ferroviario italiano di San Giorgio di Nogaro; KPQ, estate 1915.

219-221. Arrivo di grossi calibri alla stazione di San Giorgio di Nogaro, 1916.

222 e 225. Distribuzione di doni e brindisi alla festa della brigata Veneto; SFEI, 1918.

223-224. Una partita di football in un campo improvvisato ai margini di un paese delle retrovie carsiche.

222

223

225

224

226

227

228

226. Teatrino al campo nelle retrovie del fronte carsico: si esibisce un «cantastorie-imitatore di Ferrabella»; SFEI.

227-228. Il pubblico di tali rappresentazioni è formato da ufficiali, soldati e civili, come nei due scatti amatoriali che si riferiscono alle retrovie del Piave nell'estate 1918.

229. Teatro per i soldati nelle immediate retrovie austriache sul Carso; KPQ, 1915.

230. Ufficiali austro-ungarici fanno musica nelle pause dei combattimenti; KPQ, 1918.

231. Ufficiali italiani che giocano a carte.

I reparti a riposo nelle retrovie eseguono esercitazioni e servizi e il poco tempo libero dei soldati è diviso tra spacci e osterie. Periodicamente i comandi organizzano cerimonie, intrattenimenti, spettacoli artistico-musicali e gare ginnico-sportive con l'obiettivo di svagare i soldati e rinforzare lo spirito di corpo dei reparti. Tra gli svaghi preferiti dai soldati gli spettacoli musicali popolari e di varietà, mentre risultano spesso ostici i testi patriottici e seriosi che diverse compagnie teatrali inscenano su invito dei comandi. Come recita una strofa di un'anonima canzone di trincea, «il poeta Gabriello [D'Annunzio] parlò alla fanteria / coraggio fantaccini vi fò una poesia / i fantaccini dissero al vate Gabriello / tu siedi al tavolino noi si va al macello». Così, agli svaghi educativi delle «case del soldato» i soldati sembrano preferire riunioni e canti con amici e compaesani, tra vino, fumo, alcolici, canti, pesanti sberleffi e giochi d'azzardo: abitudini contratte in trincea che contagiano anche i nuovi arrivati.

232

233

Attenti, divertiti soldati
seguono lo spettacolo dei
pupi, come fossero nella
piazza del loro paese. Altri si
infiammano all'impresa di
alcuni compagni che tentano
di scalare il palo della
cuccagna alla conquista di
chissà quali prelibati doni.
Divertimenti semplici e
popolari, espressione di un
modo di stare assieme tipico
della cultura contadina, su cui
i vertici dell'esercito e del
paese fanno affidamento per
coinvolgere i militari in un
progetto di identificazione
nazionale che, grazie alla
guerra, raggiunge caratteri di
massa. Ma la stessa guerra
impone di tenere l'elmetto in
testa anche in momenti che
dovrebbero essere di svago e
di festa.

234

232-234. Sequenza scattata dal
maresciallo Ado Locatelli a Pieris,
estate 1916.

235. Il palo della cuccagna alla festa
della brigata Veneto; SFEI, 1918.

Nelle pagine seguenti:

236. Tre giovani donne di Grado;
SFEI (foto Revedin), estate 1915.

1628 F.

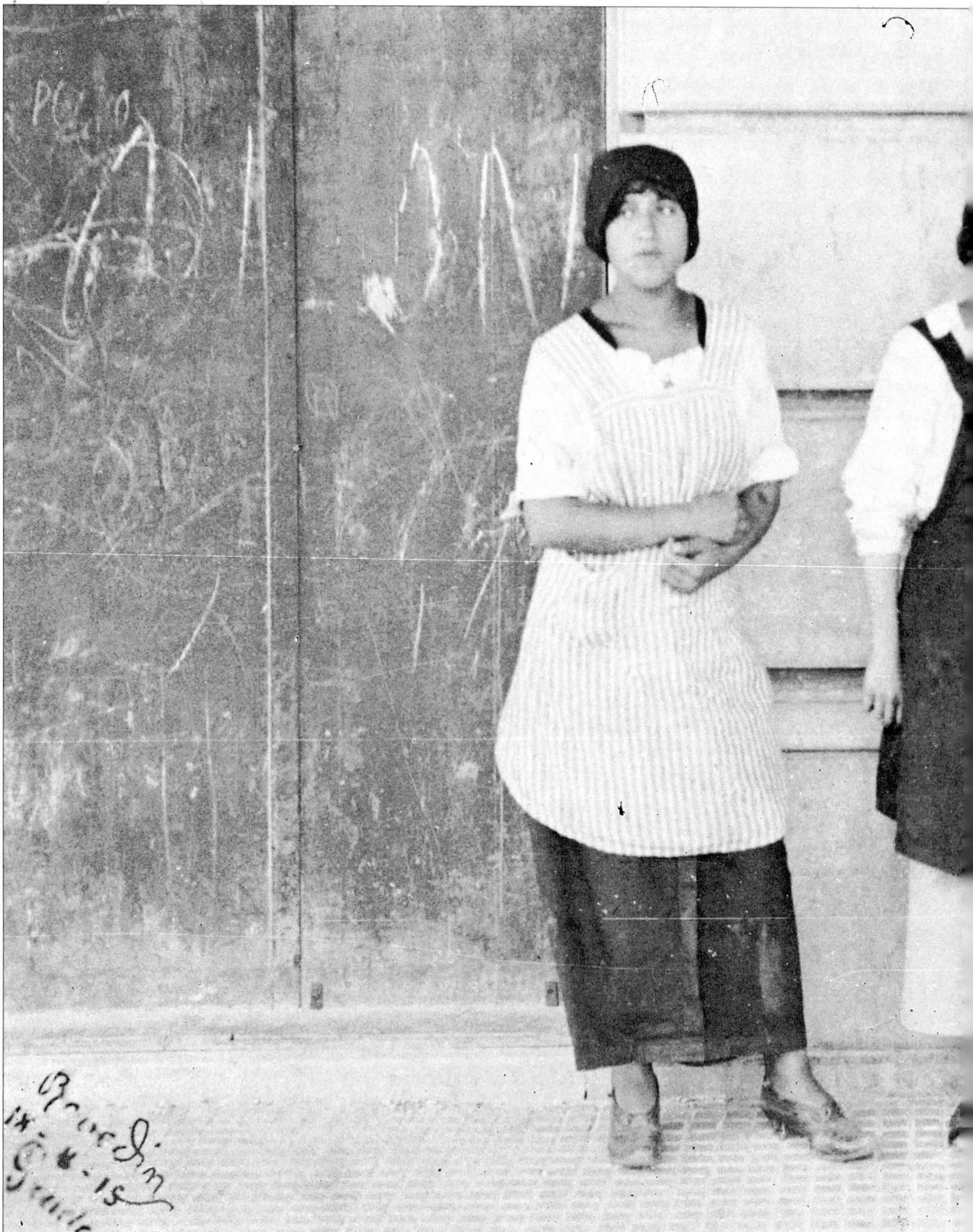

237

238

239

240

Nel rapporto con le donne delle retrovie i militari cercano un impossibile collegamento con il mondo di pace lasciato a casa, al momento di partire per il fronte. I piú intraprendenti corteggiano le ragazze e qualche volta riescono nel loro intento, mentre per soddisfare i bisogni di una società maschile in armi le autorità militari favoriscono l'insediamento di vari bordelli privati, molto frequentati dai soldati anche se sottaciuti per ovvi motivi di moralità pubblica dalle fonti ufficiali militari. L'opinione pubblica e la stessa autocensura dei soldati contribuiscono a rendere «invisibili» tali servizi (in realtà regolamentati alla stessa stregua delle mescite di vino o degli spettacoli di arte varia). Alcuni positivi fotografici di piccolo formato e di qualità non eccelsa, in cui si individua chiaramente, in posa, lo staff di un postribolo da campo, sono le uniche immagini di tal genere di cui si ha notizia.

237-240. Foto del caporale Bartolomeo Preti. Le prime tre foto sono piuttosto consuete nelle raccolte fotografiche amatoriali; la quarta, che ritrae un gruppo di prostitute affacciate alla finestra del loro luogo di lavoro, costituisce una inedita testimonianza fotografica.

241-242. Soldati e giovani donne nelle immediate retrovie del fronte; foto del tenente Gino Venuti, marzo-giugno 1916.

243. Immagine amatoriale scattata nelle retrovie austriache.

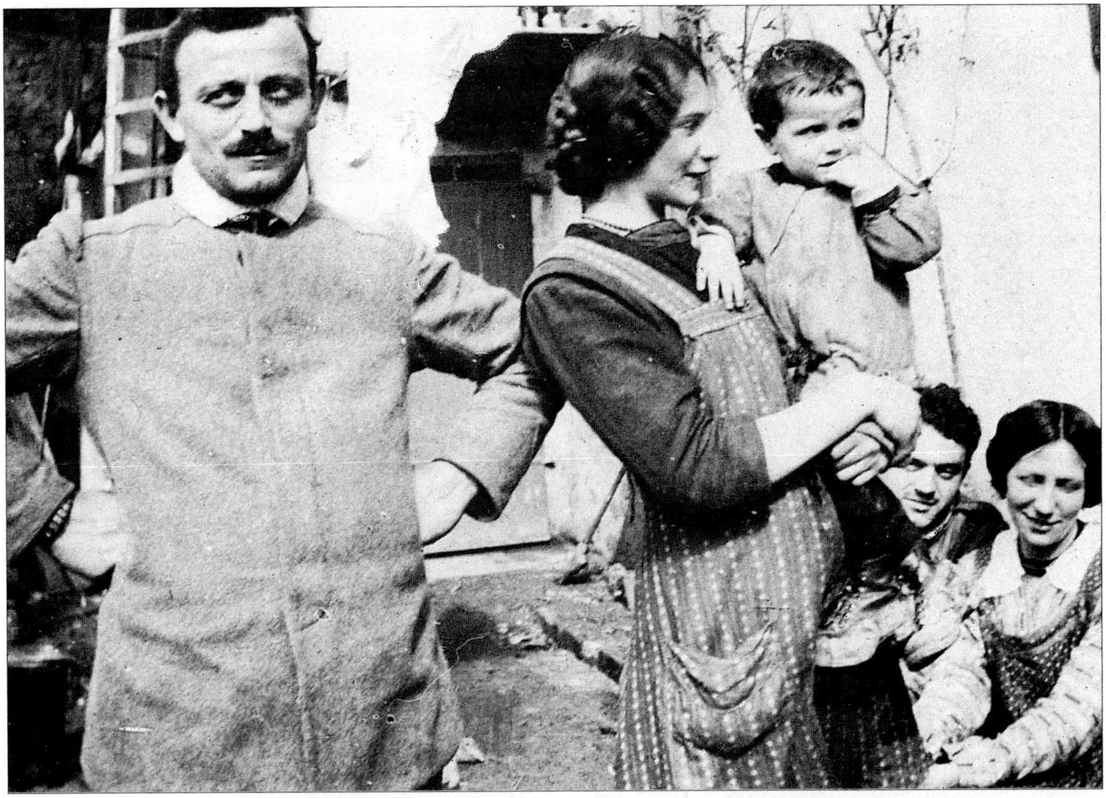

241

242

243

Ten. Pelecchia e cap. Pallante
si divertono con Carmelita

245

246

244-246. Fotografie del tenente Gino Venuti scattate a Pieris nella primavera del 1916.

247

248

249

Le donne a più stretto contatto con i soldati arrotondano magri bilanci familiari con piccoli servizi: lavatura e rammendo di panni e biancheria, confezione di pasti caldi per i militari, che ricambiano con qualche moneta, un po' di rancio o generi alimentari. Molte donne vengono impiegate anche in lavori di sterro e di edilizia bellica, mentre in montagna (soprattutto in Carnia e nell'Alto Friuli) l'esercito ingaggia gruppi di donne capaci di salire fin sulle trincee in quota con gerle e bisacce contenenti cibi, materiali e dotazioni (quasi mai proiettili).

247. Un paese montano delle retrovie; SFEI, 1916.

248. Portatrici carniche; SFEI, 1916.

249. Una giovane carnica alla fontana fotografata da un ufficiale italiano, 1915.

250. Bambine di un paese del Friuli occupato (Pieris); foto del maresciallo Ado Locatelli, 1915.

251. Foto di gruppo del capitano E. Toscano, 1917.

252. Il tenente Floriano Ferrazzi con un piccolo amico nei dintorni di Romans d'Isonzo, inverno 1915.

250

251

252

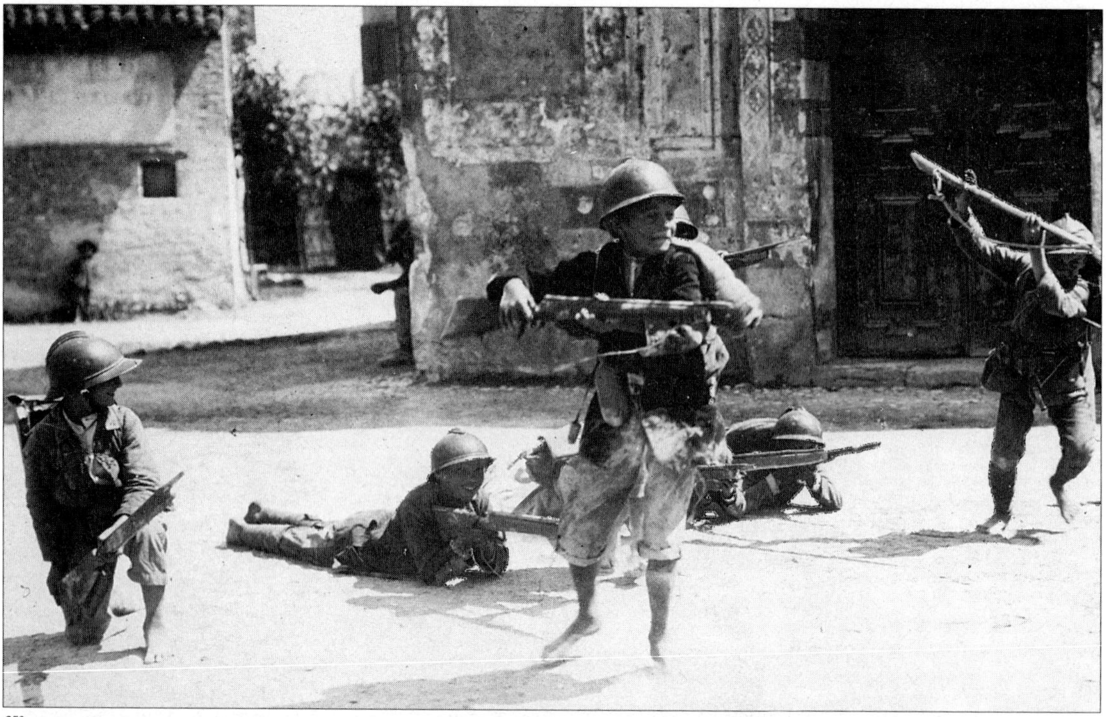

253

254

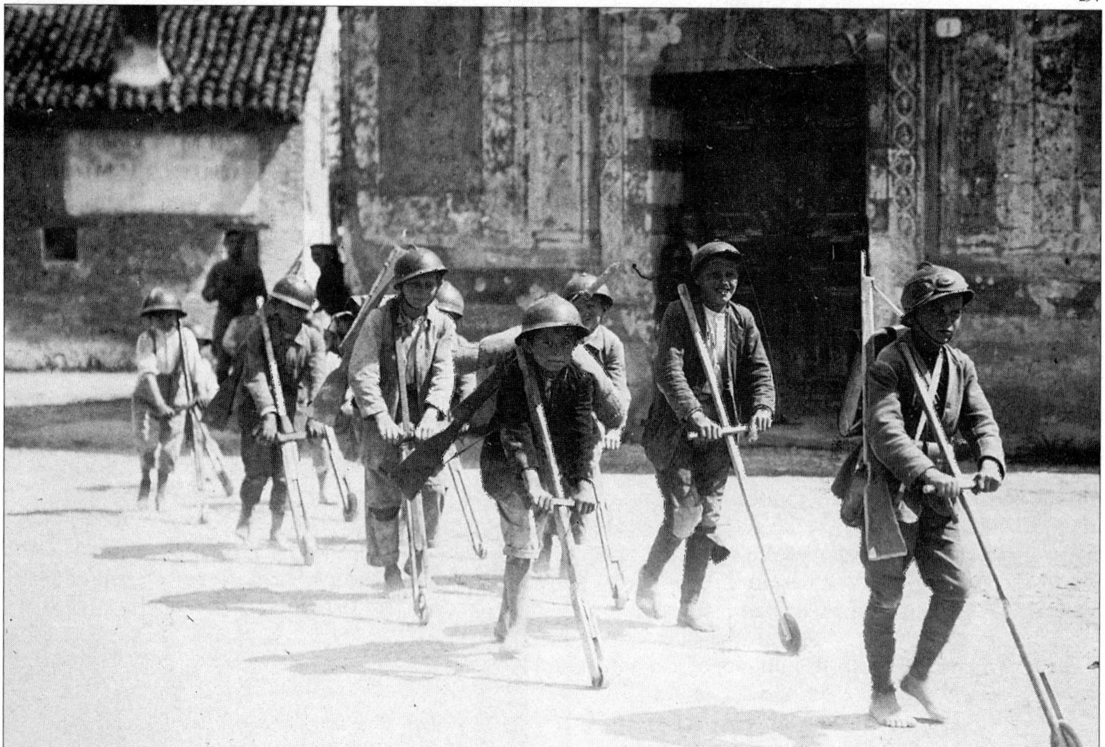

255

I bambini risultano tra i soggetti piú fotografati dai militari nelle retrovie non soltanto per l'evidente identificazione con figli o fratelli in attesa a casa, ma anche perché rappresentano in un modo tutto particolare l'innocenza del mondo in contrasto con gli orrori della guerra. Anche la propaganda si appropria in molte occasioni delle immagini dei bambini, ma per un disegno opposto. Nel caso delle belle istantanee della pagina a fianco, ad esempio, la propaganda (in questo caso austriaca) sfrutta un gioco di bimbi (in un paese friulano o veneto invaso dopo Caporetto) per regalare un'immagine serena di un paese nemico occupato e, nel contempo,

denigrare indirettamente la figura del soldato italiano. E tuttavia il gioco dei bimbi sconfigge la guerra, come ricorda a distanza di tempo un friulano (otto anni nel 1917) protagonista di un episodio analogo: «Dappertutto vi erano fucili, maschere antigas, tascapani... giocavamo con essi, naturalmente alla guerra: avevo l'elmetto, le giberne e la maschera antigas, un fucile piú alto di me, un vecchio mauser...».

253-254. Giochi di guerra in un paese del Friuli occupato dagli austriaci; KPQ, estate 1918.

255. La guerra vista dai bambini; fotografia del tenente Gino Venuti, giugno 1915.

256. Grosso calibro su
affusto ferroviario,
Officine Ansaldo,
Genova.

258

Il primo conflitto mondiale è un conflitto
tecnologico e industriale che impegna tutte le
risorse dei paesi belligeranti. L'industria della
guerra sviluppa e incentiva i suoi prodotti di
morte, e anche in Italia la produzione aumenta
considerevolmente. In mancanza di braccia
maschili, le donne vengono impiegate nelle
fabbriche, negli uffici e nei servizi, dando origine
a primi consistenti fenomeni di emancipazione
femminile che porteranno elementi originali
all'interno delle rivendicazioni operaie e
condurranno, negli ultimi anni del conflitto, a un
consistente movimento popolare contro la stessa
guerra.

257. Catena di montaggio,
Officine Ansaldo, Genova.

258. Interno delle Officine
Ansaldo, Genova.

259. Produzione di indumenti
per militari; SFEI.

259

260

261

260. Cannone austriaco da 150 mm; KPQ.

261. Mortaio austriaco Skoda da 305 mm sul fronte carsico; KPQ.

262. Dogna (Carnia) sotto il fuoco austriaco; SFEI, 1915.

263. Cannone da marina austriaco da 240 mm su affusto girevole; KPQ, 1916.

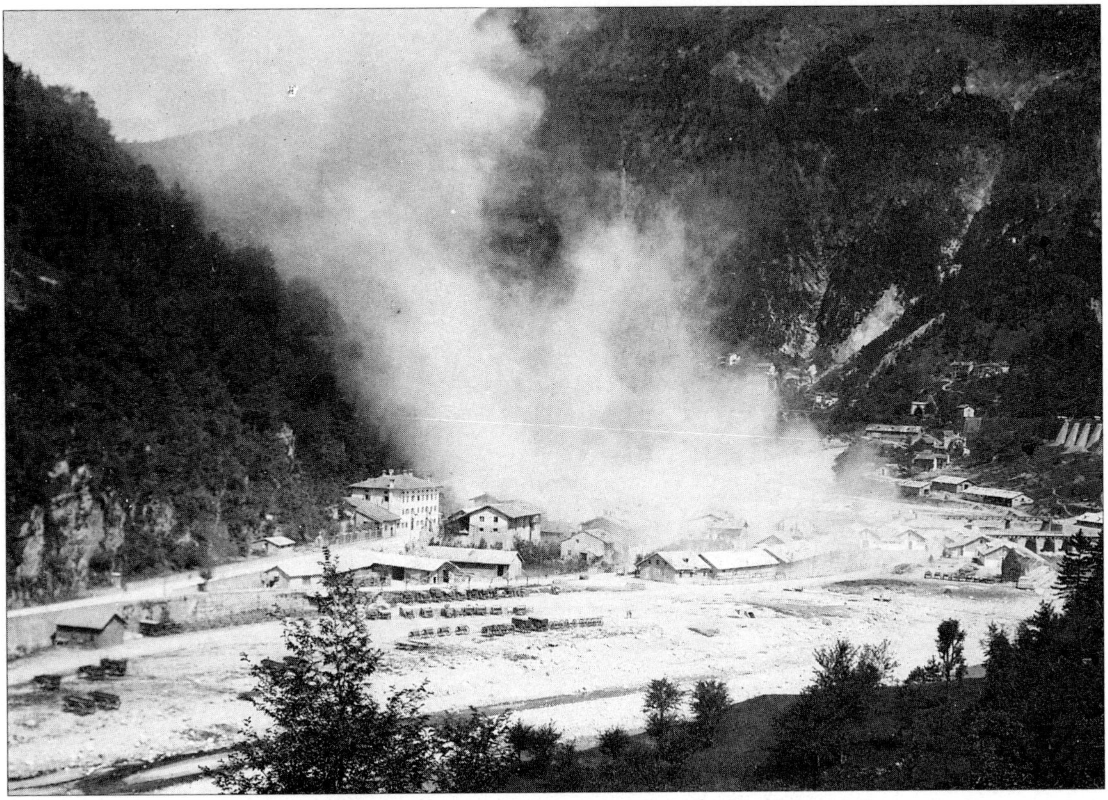

262

263

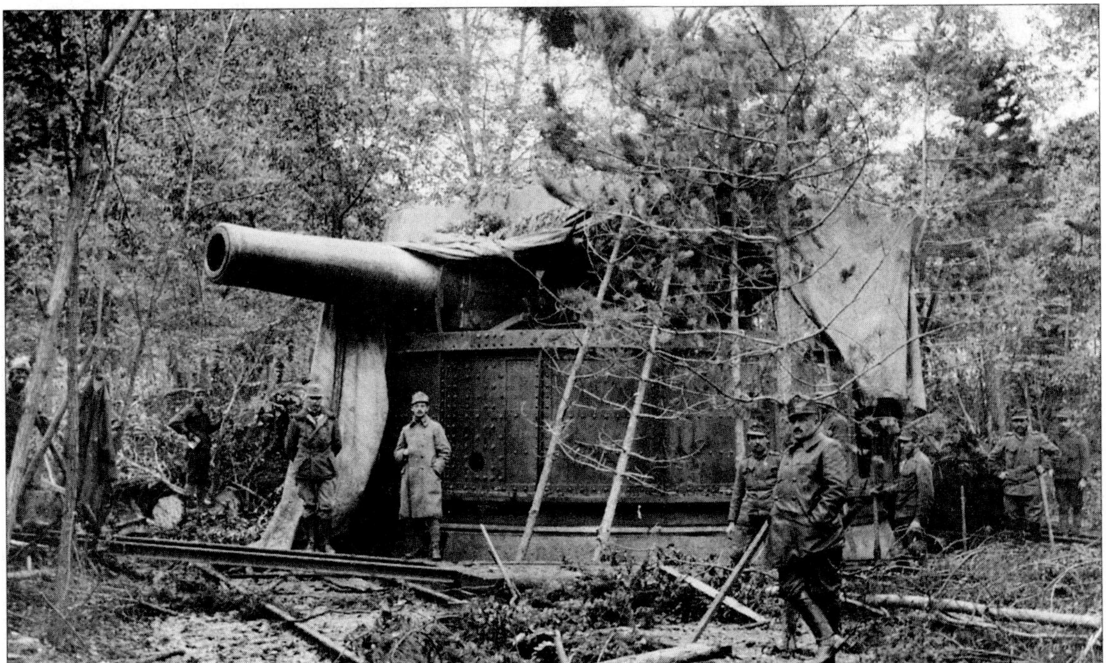

264

265

264. Scarico di grossi calibri di marina alla stazione di San Giorgio di Nogaro; SFEI, estate 1915.

265. Obice italiano da 280 mm sul Sabotino; SFEI, maggio 1917.

266. Il campanile di Opacchiasella colpito dall'artiglieria pesante italiana; KPQ, estate 1917.

267. Traino di un grosso calibro italiano da 280 mm sulla Bainsizza; SFEI estate 1917.

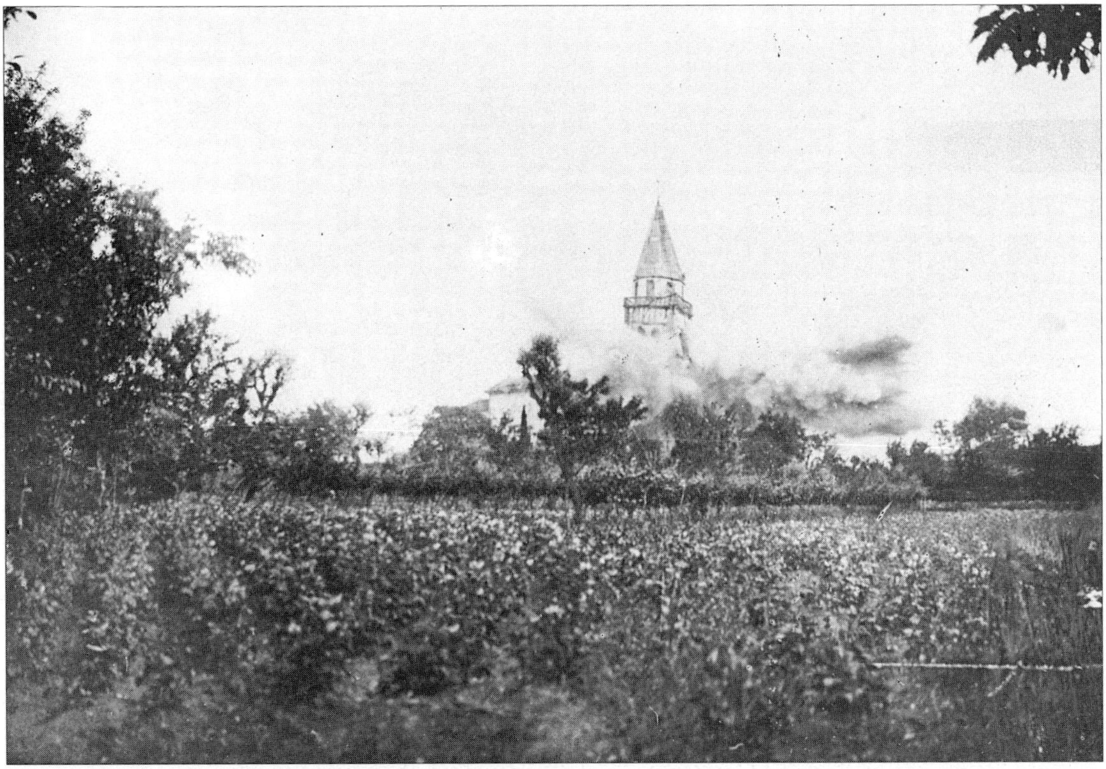

266

267

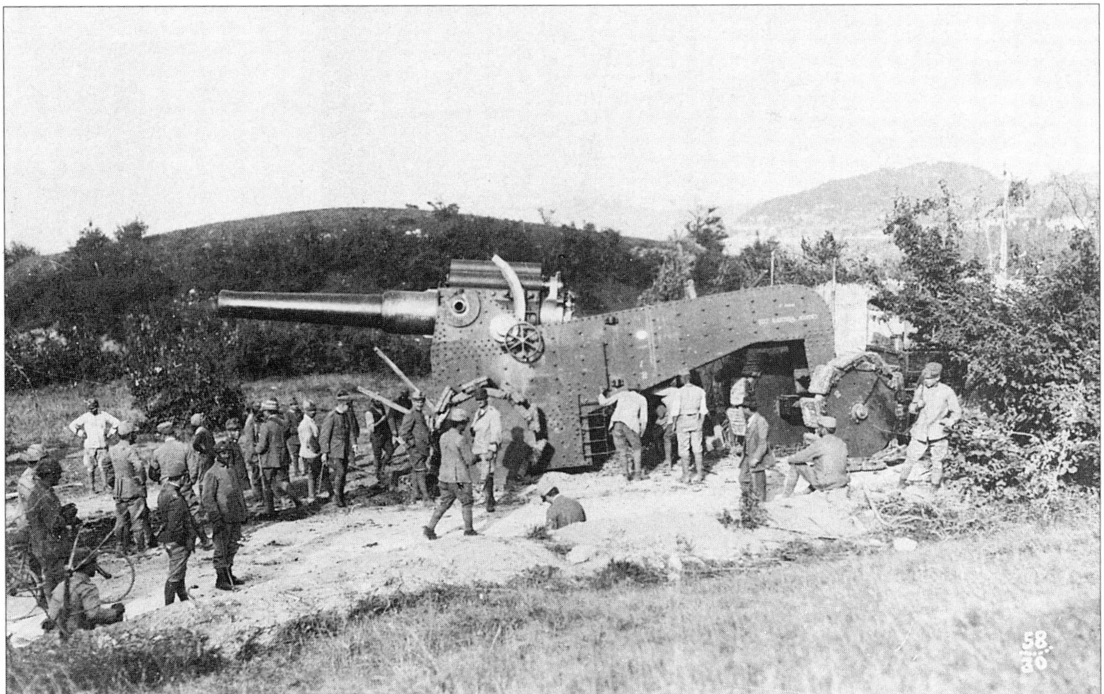

268

270

271

La guerra corre sui cieli e sui mari, sviluppando ulteriormente tecnologie per i tempi già piuttosto avanzate: su tutti i fronti (diversamente da quanto accadrà nel successivo conflitto mondiale) le armi della marina e dell'aviazione perfezionano la loro azione nel tentativo di scardinare la trincea avversaria. Dopo un avvio incerto, l'aviazione italiana affina l'attività di osservazione, caccia e bombardamento giungendo, nella seconda parte del conflitto, a sopravanzare quella austriaca, mentre la marina, occupata soprattutto nel pattugliamento delle coste, presta parte delle artiglierie pesanti all'esercito.

268. Duello aereo nel cielo di Gorizia tra un Newport italiano e un Albatros austriaco; SFEI, 1916.

269. La corazzata austriaca Santo Stefano affondata dai motosiluranti italiani; SFEI, 10 giugno 1918.

270. Dirigibile italiano ad Aviano; SFEI, 1916.

271. Ripiegamento di un pallone frenato austro-ungarico; KPQ, 1918.

175

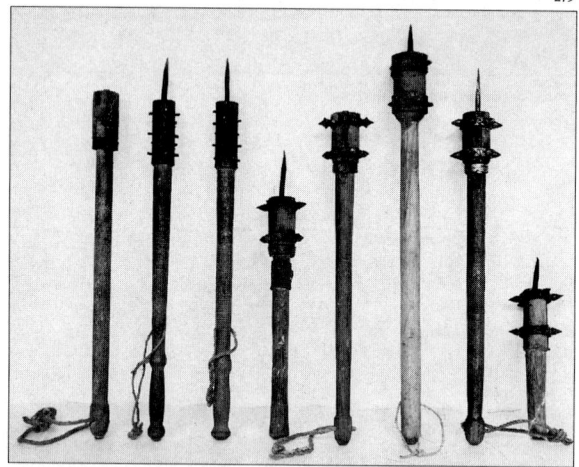

272

In ogni guerra il nemico viene demonizzato. Subito dopo il «barbaro» attacco austriaco con i gas (settore San Michele-San Martino, 29 giugno 1916), sventato con fatica dai reparti italiani dopo aver subito in poche ore oltre seimila morti e un numero ingentissimo di feriti, i giornali italiani infiammano l'opinione pubblica con il racconto delle atrocità dei soldati austriaci (in realtà ungheresi), che dopo aver lanciato il gas finivano a colpi di mazza i superstiti. Gli stessi giornali, tuttavia, tralasciano di informare, poco meno di un anno dopo, degli ugualmente «barbari» attacchi italiani a gas contro le linee carsiche austriache.

273

272. Reparto ungherese sul monte San Michele posa con fucili e mazze ferrate; KPQ (foto R. Balogh), giugno 1916.

273. Mazze austriache; SFEI, luglio 1916.

274. Gasati italiani nelle trincee sotto il San Michele; foto del caporale Bartolomeo Preti, 30 giugno 1916.

275. Soldati austriaci colpiti dai gas italiani nel corso della decima offensiva dell'Isonzo; KPQ, maggio 1917.

274

275

276. Trasporti italiani su trattrice Fiat tipo 30; SFEI, agosto 1916.

277. Traino di un cannone (149 mm prolungato) a mezzo trattrice Pavesi Tolotti tipo A; SFEI, agosto 1916.

278. Trasporto d'acqua nelle trincee italiane mediante muli; SFEI, estate 1915.

279. Soldato austro-ungarico abbevera i cavalli a una fonte carsica; KPQ, estate 1915.

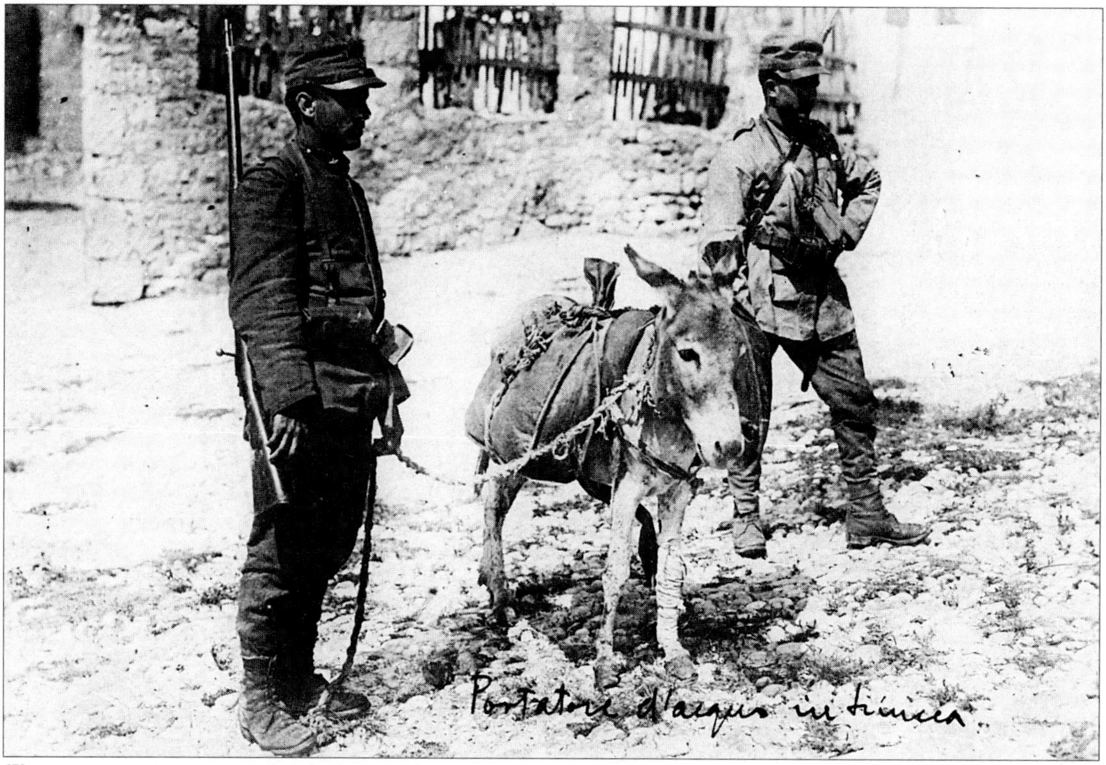
Portatore d'acqua in trincea

278

279

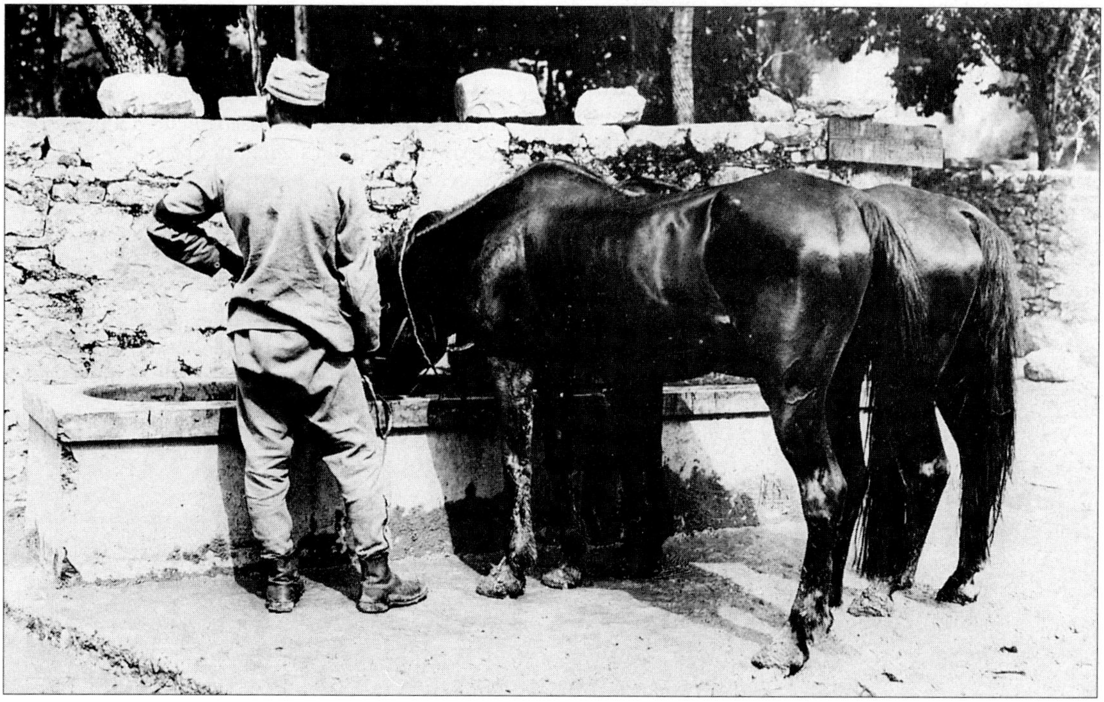

280

281

282

La prima guerra mondiale viene combattuta dagli eserciti contrapposti in un paradossale connubio tra modernità e tradizione che prevede la commistione di innumerevoli innovazioni tecnologiche con persistenze tipiche del mondo rurale. Propria della società di massa del Novecento è invece la gestione degli eserciti: milioni di uomini da armare, vestire, alimentare e spostare sullo scacchiere bellico, cosí come «industriale» appare l'arma simbolo della prima guerra mondiale, la mitragliatrice, strumento bellico dalla tecnologia semplice che moltiplica per alcune centinaia di volte il volume di fuoco del singolo soldato rendendo seriale la morte sul campo di battaglia.

280. Cani addetti ai trasporti dell'esercito austro-ungarico, fronte della Bainsizza; KPQ, 1917.

281. Esercitazione delle truppe d'assalto austro-ungariche con i lanciafiamme, fronte dell'Isonzo; KPQ.

282. Riflettore austro-ungarico; KPQ, 1917.

283. Cani addetti ai trasporti montani sul fronte italiano della Carnia; SFEI, 1916

284. Autoblindata Fiat con mitragliatrice Maxim nei dintorni di Romans d'Isonzo; foto del tenente Floriano Ferrazzi, inverno 1915.

285

286

Alla fine, quando si contano i morti del conflitto (non meno di dieci milioni di militari e altrettanti civili stroncati dalle privazioni), sorgono i cimiteri e i sacrari del ricordo collettivo. In Italia il 24 maggio 1923 viene inaugurato il Cimitero degli Invitti del Colle di Sant'Elia, capace di raccogliere ai piedi del Carso circa trentamila resti (in gran parte ignoti) di soldati della 3ª Armata. L'area del cimitero è costellata da cippi e monumenti funerari allestiti con residui bellici, mentre epigrafi patriottiche illustrano la gloria di armi e corpi militari.

285. Veduta generale del Cimitero degli Invitti di Redipuglia; SFEI, 1923.

286. Monumento austriaco nei pressi del monte Debeli (Altopiano di Doberdò); SFEI, 1917.

287. Veduta aerea del Cimitero degli Invitti, 1923.

288. Monumento ai caduti italiani presso quota 121, 1917.

289. La tomba di Enrico Toti nel cimitero militare di Monfalcone, 1916.

290

291

Con l'avvento del fascismo Mussolini si impossessa della memoria della Grande Guerra inserendola in un disegno imperialista ed egemonico. In tale contesto, nel corso degli anni Trenta il regime pianifica una monumentalizzazione patriottica senza precedenti, non priva di importanti soluzioni architettoniche, capace di sistemare definitivamente i resti dei caduti in una quarantina di imponenti sacrari dislocati sui luoghi del conflitto, tra cui per pregevolezza architettonica e impatto sul territorio spicca il sacrario di Redipuglia, monumento di guerra oggi convertito alla pace e legittimamente consacrato alla memoria dei caduti di tutte le guerre, senza distinzione di bandiera né divisa.

290. L'attuale sacrario di Redipuglia in costruzione, 1938.

291. Particolare del Sacrario dei martiri fascisti allestito al Palazzo delle Esposizioni per la Mostra del decennale della rivoluzione fascista, Roma, 1932.

292. Il sacrario di Redipuglia in costruzione, 1938.

Foto simbolo

Un tronco d'albero carbonizzato alza i suoi moncherini al cielo. È tutto ciò che rimane sulla vetta del Monte Santo (Sveta Gora) dopo l'ultimo attacco dei soldati italiani. L'inconfondibile elmetto posizionato dall'operatore all'estremo limite della foto drammatizza il tutto e fuga ogni dubbio sul significato propagandistico dell'immagine, che ribadisce con forza il concetto: «Siamo arrivati fin quassú, abbiamo travolto e sconfitto il nemico». Tuttavia, a ottant'anni giusti dall'evento, piú che uno stereotipato patriottismo, l'immagine impone a prima vista (alla nostra vista?) un esplicito messaggio: la guerra sconfigge la natura, la guerra è la negazione di qualsiasi forma di vita, la guerra stessa è morte.

Il concetto è valido in ogni caso, ma è con la prima guerra mondiale che il «massacro» si affermò come regola, raggiungendo connotati «industriali» (com'era industriale la società che produsse il conflitto), rendendo seriale la morte che in trincea, per la prima volta nella storia dell'umanità, diventa collettiva, di massa. La prima guerra mondiale, infatti, produsse un numero incalcolabile di vittime, mentre le numerose contraddizioni di un travagliato dopoguerra aprirono la strada alle dittature e all'ancor più terribile sterminio del secondo conflitto mondiale, al punto che oggi tale periodo può essere considerato come un'unica «guerra dei trent'anni» (1914-45) che ha sconvolto l'Europa e il mondo intero.

Tramutandosi nell'esperienza individuale e collettiva di milioni di uomini, la Grande Guerra innescò un'accelerazione senza precedenti nella società del Novecento. In bilico tra modernità e tradizione, il mondo uscito dal conflitto seppellí gli ingenui miti della *belle époque* e approdò a un'era contemporanea dalle caratteristiche certamente contraddittorie con cui, alla fine di questo secolo «breve», dobbiamo ancora fare i conti.

In tale contesto si inserisce la storia di un'Italia contadina che grazie alla guerra ottenne la sua insanguinata unità ma soprattutto un posto – seppure non in primissima fila – nel concerto delle potenze industriali europee. Dalle turbolenze e dai sogni nati in trincea germogliarono speranze collettive presto destinate a spegnersi nella dittatura «imperfetta» del regime fascista, volta a imbrigliare le coscienze degli italiani all'interno di un progetto rabberciato e deficitario, che avrebbe voluto essere «modernamente» evoluto ma che finí per rivelarsi «romanamente» e improbabilmente imperialista, capace – questo sí – di condurre il paese in nuove disastrose avventure militari. Ma la guerra non è una cosa «naturale», sembra avvertirci l'albero sventrato del Monte Santo. Del resto, lo diceva già Erodoto, nelle sue *Storie*: in tempo di pace sono i figli che seppelliscono i padri, in tempo di guerra sono i padri che seppelliscono i figli.

293. «Ciò che rimane sulla vetta del Monte Santo dopo l'azione dell'agosto 1917»; SFEI.

Cronologia

1914

28 giugno. Uccisione dell'arciduca Francesco Ferdinando a Sarajevo.

23 luglio. Ultimatum austriaco alla Serbia.

28 luglio. L'Austria dichiara guerra alla Serbia.

1° agosto. La Germania dichiara guerra alla Russia. I tedeschi invadono il Lussemburgo.

2 agosto. Ultimatum tedesco al Belgio.

3 agosto. La Germania dichiara guerra alla Francia.

4 agosto. L'esercito tedesco passa la frontiera belga e l'Inghilterra dichiara guerra alla Germania.

5 agosto. L'Austria dichiara guerra alla Russia.

7 agosto. Il Montenegro dichiara guerra all'Austria.

9 agosto. La Francia dichiara guerra all'Austria.

12 agosto. L'esercito austriaco invade la Serbia.

13 agosto. L'Inghilterra dichiara guerra all'Austria.

15 agosto. I russi invadono la Galizia.

23 agosto. Il Giappone dichiara guerra alla Germania.

23-25 agosto. Offensiva austriaca in Galizia: occupazione di Krasnik.

27-30 agosto. I tedeschi vincono i russi a Tannenberg.

3 settembre. I tedeschi occupano Reims e arrivano a 35 km da Parigi; il governo francese si trasferisce a Bordeaux.

6-14 settembre. Controffensiva francese sulla Marna.

8-12 settembre. Battaglia di Leopoli. Gli austriaci abbandonano la Bucovina e la Galizia.

7-15 settembre. Nella battaglia dei laghi Masuri, i tedeschi riconquistano la Prussia e respingono i russi oltre il fiume Niemen.

20-30 settembre. Battaglia della Somme tra francesi e tedeschi, che tentano la «corsa» verso il mare del Nord per aggirare l'esercito nemico.

Ottobre-novembre. La «corsa al mare» si arena a Ypres: la guerra di movimento si muta in guerra di posizione, a trincee contrapposte. Vengono usati per la prima volta gas venefici.

2 novembre. Offensiva austriaca in Serbia: occupata Belgrado.

12 dicembre. La controffensiva serba costringe gli austriaci alla ritirata.

1915

23 gennaio-22 marzo. Offensiva invernale austriaca sui Carpazi.

1-21 febbraio. Offensiva tedesca ai laghi Masuri.

19 febbraio-18 marzo. Bombardamento navale inglese dei Dardanelli.

22 marzo-24 aprile. I russi conquistano la fortezza di Przemyls, in Galizia, e attaccano sui Carpazi.

25 aprile. Gli alleati sbarcano a Gallipoli.

26 aprile. L'Italia aderisce al patto di Londra con l'Intesa.

8-30 aprile. Battaglia di Ypres.

2 maggio-fine giugno. Controffensiva austro-ungarica in Galizia. La grande vittoria di Gorlice obbliga i russi a ritirarsi dai Carpazi e dalla Galizia.

9 maggio-23 luglio. Sul fronte occidentale l'offensiva francese nell'Artois porta risultati modestissimi di fronte a perdite gravissime.

3 maggio. L'Italia denuncia la Triplice Alleanza.

7 maggio. Sottomarino tedesco affonda il transatlantico «Lusitania».

23 maggio. L'Italia dichiara guerra all'Austria e il giorno successivo il suo esercito varca i confini.

23 giugno-7 luglio. Prima battaglia dell'Isonzo.

18 luglio-4 agosto. Seconda battaglia dell'Isonzo.

21 agosto. L'Italia dichiara guerra alla Turchia.

5-8 settembre. Conferenza internazionale socialista di Zimmerwald. Viene rinnovata la condanna della guerra.

Settembre-ottobre. Offensiva alleata nell'Artois e Champagne. Offensiva austro-tedesca in Russia; nuovo fronte da Riga alla Bucovina.

18 ottobre-4 novembre. Terza battaglia sull'Isonzo, con lo scopo di aiutare i serbi.

19 ottobre. L'Italia dichiara guerra alla Bulgaria.

28 ottobre. Il Giappone aderisce al Patto di Londra.

10 novembre-2 dicembre. Quarta battaglia dell'Isonzo.

24-25 novembre. Battaglia di Pristina. Le armate austro-tedesche sconfiggono l'esercito serbo, che si rifugia in Albania e viene messo in salvo da navi alleate.

16-19 dicembre. Gli austriaci entrano nel Montenegro.

1916

21 febbraio-2 settembre. Grande offensiva tedesca a Verdun.

11-19 marzo. Quinta battaglia dell'Isonzo.

18-28 marzo. Offensiva russa contro i tedeschi.

24-30 aprile. Conferenza internazionale socialista di Kienthal.

Maggio-luglio. Offensiva austriaca in Trentino; battaglia sull'Altopiano di Asiago e vittoriosa difesa italiana.

31 maggio. Battaglia navale anglo-tedesca dello Jutland.

4-16 agosto. Sesta battaglia dell'Isonzo; presa di Gorizia e arretramento del fronte carsico oltre il Vallone.

27 agosto. L'Italia dichiara guerra alla Germania.

Settembre-novembre. Riprende la guerra di posizione con la settima, ottava e nona battaglia dell'Isonzo.

Ottobre-dicembre. Successi francesi a Verdun.

Riprende l'offensiva russa del generale Brusilov sul fronte orientale.

21 novembre. Muore Francesco Giuseppe imperatore d'Austria; gli succede Carlo I.

1917

Gennaio. Gli inglesi riprendono Suez.

31 gennaio. La Germania proclama la guerra sottomarina ad oltranza.

Febbraio-marzo. In Russia scoppia la rivoluzione: Nicola II abdica e viene proclamata la repubblica.

6 aprile. Gli Stati Uniti entrano in guerra con l'Intesa.

7 aprilre-31 maggio. L'offensiva francese sull'Aisne e nella Champagne si risolve in un disastro; crisi e rivolta dell'esercito.

12-28 maggio. Decima battaglia dell'Isonzo: conquista del Kuk e del Vodice.

4 giugno. Attacco austriaco di alleggerimento sul Carso.

10-25 giugno. Offensiva italiana sull'Altopiano d'Asiago; battaglia dell'Ortigara.

17 agosto-15 settembre. Undicesima battaglia dell'Isonzo: conquista della Bainsizza e di Monte Santo; resiste il San Gabriele.

7 giugno-10 novembre. Grande offensiva inglese nelle Fiandre.

Agosto. Nota di papa Benedetto XV sull'«inutile strage».

22 agosto. Scoppiano a Torino tumulti contro la guerra.

4 settembre. Secondo attacco d'alleggerimento austriaco sul Carso.

24 ottobre. Rotta di Caporetto. Gli austro-tedeschi rompono il fronte italiano tra Tolmino e Plezzo, invadono il Friuli e costringono gli italiani sulla linea Grappa-Piave. Al governo Orlando sostituisce Boselli; Armando Diaz sostituisce Luigi Cadorna alla guida dell'esercito.

10-26 novembre. Battaglia d'arresto italiana sull'altipiano di Asiago, sul Grappa e sul Piave.

7 novembre. Rivoluzione d'ottobre. La Russia chiede l'armistizio con la Germania.

15 dicembre. È concluso l'armistizio di Brest-Litovsk.

1918

8 gennaio. Pubblicazione dei «Quattordici punti» del presidente americano Wilson.

Febbraio-marzo. I russi smobilitano l'esercito; incruenta avanzata austro-tedesca e firma del trattato di pace di Brest-Litovsk.

21 marzo-6 aprile. La grande offensiva tedesca ad Arras penetra per 60 km in territorio francese ma non raggiunge l'obiettivo della Manica e Parigi.

9-29 aprile. Seconda offensiva tedesca nelle Fiandre.

Maggio-giugno. Riprendono gli attacchi tedeschi sulla Marna.

15-23 giugno. Fallisce la grande offensiva austriaca da Asiago alle foci del Piave.

15 luglio. Quarta offensiva tedesca sulla Marna.

Luglio-agosto. Controffensive alleate sulla Marna, Aisne e Somme costringono i tedeschi a ritirarsi sulla linea Sigfried, fra Arras e Soissons.

15-28 settembre. Offensive alleate sul fronte occidentale.

17 ottobre. L'imperatore Carlo I propone ai suoi popoli la federazione, ma l'Ungheria si dichiara indipendente.

24 ottobre-3 novembre. Offensiva italiana che, dopo una dura lotta sul Grappa e sul medio Piave, si conclude con la vittoria di Vittorio Veneto e l'armistizio di Villa Giusti.

29 ottobre. I popoli croato e sloveno si staccano dall'Impero austro-ungarico. Nasce la Jugoslavia.

4 novembre. Ritirata tedesca sulla linea Anversa-Mosa.

11 novembre. Armistizio tra gli alleati e la Germania, dove scoppia la rivoluzione ed è proclamata la Repubblica. La Repubblica viene proclamata anche in Austria. L'imperatore Carlo I si rifiuta di abdicare e sceglie l'esilio.

16 novembre. Viene proclamata la Repubblica ungherese.

Letture consigliate

Le brevi note che seguono vogliono offrire alcune indicazioni bibliografiche di facile reperimento per l'approfondimento di temi e problemi esposti in maniera necessariamente sintetica in questo volume.

Un sintetico quadro politico-diplomatico dell'Europa all'inizio del conflitto in J. Joll, *Le origini della prima guerra mondiale*, Roma-Bari, 1985; G.E. Rusconi, *Rischio 1914: come si decide una guerra*, Bologna, 1987. Vedi inoltre la recente sintesi di M. Isnenghi, *La Grande Guerra*, Firenze 1993. Per l'Italia, AA.VV., *Benedetto XV, i cattolici e la prima guerra mondiale*, Roma, 1965; AA.VV., *Il trauma dell'intervento*, Firenze, 1968; B. Vigezzi, *L'Italia di fronte alla prima guerra mondiale*, vol. 1: *L'Italia neutrale*, Napoli, 1966. Per l'Austria-Ungheria L. Valiani, *La dissoluzione dell'Austria-Ungheria*, Bologna, 1973.

Per un inquadramento del conflitto italo-austriaco vedi P. Pieri, *L'Italia nella prima guerra mondiale (1915-1918)*, Torino, 1965; P. Melograni, *Storia politica della grande guerra*, Bari, 1969; G. Rochat, *L'Italia nella prima guerra mondiale. Problemi di interpretazione e prospettive di ricerca*, Milano, 1976; G. Rochat, G. Massobrio, *Breve storia dell'esercito italiano*, Torino, 1978. Una sintesi ilustrata dei principali avvenimenti bellici del fronte italo-austriaco in L. Fabi, *Uomini, armi e campi di battaglia della Grande Guerra*, Milano, 1995.

Per il complesso scenario dei rapporti tra esercito e società nell'Italia in guerra si veda M. Isnenghi, *Il mito della Grande Guerra da Marinetti a Malaparte* (3ª ed. ampliata), Bologna, 1989 e, dello stesso, *Le guerre degli italiani. Parole, immagini, ricordi 1848-1945*, Milano, 1989; G. Procacci (a cura di), *Stato e classe operaia in Italia durante la prima guerra mondiale*, Milano, 1983; G. De Luna, *L'Italia in guerra*, in AA.VV., *Italia moderna. Immagini e storia di un'identità nazionale*, vol. 2, Milano, 1983. Vedi inoltre R. Monteleone, *Lettere al re. 1914-1918*, Roma, 1973; AA.VV., *Operai e contadini nella Grande Guerra*, Bologna, 1982; A. Monticone, *Gli italiani in uniforme 1915-1918*, Bari, 1972; i saggi di G. Procacci, *Dalla rassegnazione alla rivolta: osservazioni sul comportamento popolare in Italia negli anni della prima guerra mondiale*, in «Ricerche Storiche», n° 1, 1989 e *Gli effetti della grande guerra sulla psicologia della popolazione civile*, in «Storia e problemi contemporanei», 1992. Sul rapporto tra guerra e società vedere inoltre i molti spunti presenti in D. Leoni, C. Zadra (a cura di), *La Grande Guerra. Esperienza, memoria, immagini*, Bologna, 1986. Le vicende e le aspettative di una grande città asburgica diventata poi italiana in L. Fabi, *Trieste 1914-1918: una città in guerra*, Trieste, 1996.

Sul rilevante tema della guerra di trincea e sulle condizioni materiali e psichiche di soldati e civili interessati dagli eventi bellici v. L. Fabi, *Gente di trincea. La grande guerra sul Carso e sull'Isonzo*, Milano, 1994. Sulla disciplina nell'esercito italiano v. E. Forcella, A. Monticone, *Plotone di esecuzione*, Bari, 1968. La propaganda nell'esercito prima e dopo Caporetto in M. Isnenghi, *Giornali di trincea 1915-1918*, Torino, 1977. Sul tema della prigionia v. G. Procacci, *Soldati e prigionieri italiani nella Grande Guerra*, Roma, 1993. In *L'officina della guerra. La Grande Guerra e le trasformazioni del mondo mentale*, Torino, 1991. A. Gibelli propone inedite interpretazioni dell'universo mentale dei soldati in trincea basate sull'analisi delle fonti autobiografiche dei soldati sullo sfondo degli studi di G. L. Mosse, *Sessualità e nazionalismo* (trad. it), Bari, 1984; Id., *Le guerre mondiali dalla tragedia al mito dei caduti* (trad. it.), Bari, 1990; P. Fussell, *La Grande Guerra e la memoria moderna* (trad. it), Bologna, 1984; R. Wohl, *1914. Storia di una generazione* (trad. it.), Milano, 1984; E. J. Leed, *Terra di nessuno. Esperienza bellica e identità personale nella prima guerra mondiale* (trad. it.), Bologna, 1985. Interessanti comparazioni in A. Bravo (a cura di), *Donne e uomini nelle guerre mondiali*, Bari, 1991.

Per un piú esauriente quadro storiografico v. le recenti rassegne di G. Rochat, *Bibliografia italiana di storia e studi militari 1960-1984*, Milano, 1987 e di B. Bianchi, *La grande guerra nella storiografia italiana dell'ultimo decennio*, in «Ricerche storiche», n. 3, 1991.

Referenze fotografiche

Kriegsarchiv, Vienna, Austria: 23, 30, 34, 37, 39, 40, 42, 44, 45, 47, 61, 64, 73, 81, 82, 83, 84, 85, 93, 94, 95, 153, 189, 192, 218, 243, 260, 261, 263, 266, 271, 275, 279, 280, 282, 289.

Goriski Muzej, Nova Gorica, Slovenia: 134, 135, 136, 137, 148, 188.

Musei provinciali, Gorizia: 11, 14, 15, 16, 19, 21, 25, 26, 28, 29, 32, 33, 36, 38, 46, 50, 53, 56, 57, 58, 59, 60, 70, 71, 72, 74, 75, 76, 78, 86, 87, 88, 89, 90, 91, 92, 100, 106, 111, 113, 114, 115, 119, 127, 128, 129, 130, 131, 132, 133, 149, 152, 155, 156, 166, 167, 168, 169, 172, 175, 178, 180, 184, 185, 186, 190, 191,193, 199, 207, 209, 210, 222, 225, 226, 235, 236, 241, 242, 244, 245, 246, 248, 253, 254, 255, 256, 257, 258, 267, 272, 276, 281, 283, 286.

Museo storico italiano della guerra, Rovereto: 35, 79, 116, 143, 151, 187, 230.

Museo storico militare, Redipuglia (GO): 18, 285, 287, 289, 290, 291, 292.

Consorzio culturale del Monfalconese (GO): 12, 117, 118, 105, 154, 136.

Comune di Romans d'Isonzo (GO), collezione Piero Bottega, Schio: 120, 121, 122, 123, 124, 125, 126, 158, 159, 163, 164, 170, 171, 179, 181, 182, 183, 195, 212, 213, 214, 215, 216, 217, 252, 277, 284.

Servizi di documentazione storica del Comune di Ferrara: 141, 197, 237, 238, 239, 240, 247, 259, 274.

Museo del I e II Risorgimento, Bologna: 173.

Collezione Andrea Spanghero, Gorizia: 9, 17, 20, 24, 27, 41, 43, 46, 48, 49, 50, 51, 52, 54, 55, 62, 65, 66, 67, 68, 69, 80, 96, 97, 98, 99, 101, 142, 144, 145, 150, 176, 177, 198, 200, 201, 202, 208, 211, 232, 233, 234, 250, 265, 268, 269, 273, 293.

Archivio famiglia Filippi, Udine: 22, 31, 107, 108, 109, 110, 278.

Archivio Laura Nicoloso, Buia: 140.

Collezione Mario del Torre, Romans d'Isonzo (GO): 146.

Collezione dell'autore: 10, 13, 63, 77, 102, 103, 104, 112, 138, 139, 147, 157, 160, 161, 162, 165, 174, 196, 203, 204, 205, 206, 219, 220, 221, 223, 224, 227, 228, 229, 231, 249, 251, 262, 264, 270, 288.

Ringraziamenti:

Ringrazio l'amico Andrea Spanghero (Gorizia) per avermi messo a disposizione la sua ricca collezione fotografica, Giacomo Viola (Udine) per molte delle immagini provenienti dagli archivi viennesi, Piero Bottega (Schio) per le fotografie del tenente medico Floriano Ferrazzi e, complessivamente, i molti studiosi e appassionati che, anche per questo lavoro, non hanno mancato di fornire collaborazione e suggerimenti. Un particolare ringraziamento, inoltre, a direzione e personale del Kriegsarchiv di Vienna, del Goriski Muzej di Nova Gorica, dei Musei provinciali di Gorizia, del Museo storico italiano della guerra di Rovereto, dei Servizi di documentazione storica del Comune di Ferrara, del Museo storico militare di Redipuglia (GO), del Consorzio culturale del Monfalconese (GO) e del Comune di Romans d'Isonzo (GO).

STORIA FOTOGRAFICA DELLA SOCIETÀ ITALIANA
Diretta da Giovanni De Luna e Diego Mormorio

Piano della collana

I PERIODI

Diego Mormorio, *Il Risorgimento. 1848-1870*

Giovanna Ginex, *L'Italia liberale. 1870-1900*

Gabriele D'Autilia, *L'età giolittiana. 1900-1914*

Lucio Fabi, *La prima guerra mondiale. 1915-1918*

Eva Paola Amendola, *Dall'Italia liberale al fascismo. 1919-1925*

Pasquale Iaccio, *Gli anni del fascismo. 1925-1939*

Adolfo Mignemi, *La seconda guerra mondiale. 1939-1945*

Andrea Nemiz, *La ricostruzione. 1945-1953*

Giorgio Olmoti, *Il boom. 1954-1968*

Tano D'Amico, *Gli anni ribelli. 1968-1980*

Manuela Fugenzi, *Il mito del benessere. 1980-1989*

Giovanni De Luna e Dario Lanzardo, *L'Italia di fine secolo. 1989-1998*

I TEMI

Silvana Palma, *L'Italia coloniale*

Diego Mormorio, *La religione degli italiani*

Paola Corti, *L'emigrazione*

Antonella Russo, *L'immagine del fascismo*

Lucia Motti, *Le donne*

Guido Panico, *Lo sport*

Liliana Lanzardo, *Dalla bottega artigiana alla fabbrica*

Fiorenza Tarozzi e Paolo Sorcinelli, *Il tempo libero*

Finito di stampare nel mese di febbraio 1998
per conto degli Editori Riuniti
dalle Grafiche Stianti s.r.l.
San Casciano Val di Pesa (Fi)